기초학력 향상을 위한
눈으로 보는 수학

학생용 LEVEL 1

김선아 저

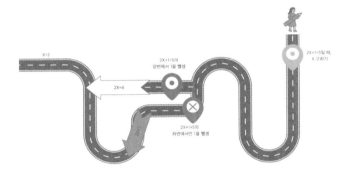

학지사

머리말

최근 보고된 국제 학업 성취 검사(Programme for International Student Achievement: PISA) 결과에 따르면, 우리나라 중학교 3학년의 수학 성취 수준은 OECD 국가들 중 단연 으뜸 그룹에 속합니다. 우리나라 수학교육의 교수 방법과 수학 교육 자료에 국제적인 관심이 지속적으로 증가하는 것은 당연한 일이라 생각됩니다.

국외에 거주하는 저자는 '한국인이기 때문에 수학을 잘할 것'이라는 주변 사람들의 '편견' 때문에 간혹 당황하는 일이 있습니다. 전체 학생의 평균 성취 수준이 높다는 것은 모든 학생이 수학을 잘한다는 것을 의미할까요? 국제 학업 성취 검사 결과에 따르면, 우리나라는 OECD 국가 중 상위권에 속하는 학생들과 하위권에 속하는 학생들 간의 수학 성취 수준 차이가 가장 심한 나라 중 하나입니다. 이것은 상위권에 있는 학생들은 국제 사회의 또래들에 비해 수학을 월등히 잘하는 반면, 하위권 학생들은 다른 나라의 하위권 학생만큼 수학 공부에 어려움을 겪는다는 것으로 해석될 수 있습니다. 결국 하위권 학생들의 수학 학습 증진을 위해서는 일반 수학 교수 외에 별도의 중재가 필요하다는 것을 의미하기도 합니다. 실제로, 수학 수업 시간에 교사가 학생들의 평균 성취 수준에 맞춰 교수를 할 경우, 하위권 학생들의 수준과 교수 수준 간 차이가 크므로 일반 수학 교육 현장에서 하위권 학생들의 수학 학습이 이루어지기는 쉽지 않을 것 같습니다.

한편, 우리나라의 교육 시장에는 상위권인 학생들과 상위권을 목표로 하는 학생들을 위한 '수준 높은' 수학 교수 지침서 및 학습 교재가 정말 많습니다. 반면에 수학 성취 수준이 낮은 학생들의 학습을 도와줄 수 있는 교수 지침서나 학습 교재는 그다지 많지 않은 것 같습니다. 특별히 온라인 비대면 수업이 수업의 한 형태로 자리 잡고 있는 요즘, 수학 학습에 어려움이 있는 학생들을 위해 수학에 전문적인 지식이 없는 사람도 가르칠 수 있는 교수 지침서나 학습 자료가 절실히 필요합니다.

3

『눈으로 보는 수학』은 일반 수학 교육만으로는 수학 학습이 어려운 학생들을 위해 수학 중재 연구자가 개발한 차별화된 맞춤형 수학 교수 지침서 및 학생용 학습지입니다. 저자가 겪은 현장에서의 경험과 국내외 연구들을 통해 수학 능력 향상에 효과적임이 입증된 증거 기반 교수 방법(evidence-based instructional methods)을 사용하여, 수학 교사나 전문가뿐 아니라 수학에 전문적인 지식이 없는 사람도 쉽게 교수할 수 있도록 핵심 수학 기술과 문제 해결 과정을 단계별로 명확하게 설명하려 했습니다.

이 책에서 집중적으로 다루고 있는 수와 연산, 문자와 식 영역은 중·고등학교에서 배우는 수학 기술의 기본 토대라 할 수 있습니다. 초등 6학년부터 중학생 또는 고등학생까지, 중·고등 수학 기술의 이해와 학습을 위해 수와 연산, 문자와 식의 기초를 강화할 필요가 있는 학생이라면 누구나 『눈으로 보는 수학』으로 중재 지원할 수 있습니다.

『눈으로 보는 수학』은 대면 수업이나 온라인 비대면 수업 시 가정에서 학교 수업을 보충하고자 할 때, 통합 학급에서 보충 또는 기초 능력 강화 교수를 할 때, 학교 밖의 학습 종합 클리닉 센터와 개별 인지 학습 치료 센터에서 수학 중재를 할 때 사용하실 수 있습니다. 수학 학습 부진 때문에 자신감을 잃은 학생들에게 『눈으로 보는 수학』이 자신감 회복으로의 징검다리 역할을 할 수 있길 소망합니다.

책의 필요성과 내용에 대한 아이디어를 주고, 수정을 위한 예비 연구에 참여해 준 가르침의 현장에서 만난 아이들에게 감사를 표합니다. 수학 개념과 절차를 점검해 주시고 조언해 주신 김성철 님과, 원고의 정확성을 점검해 준 김하은 님, 정지민 님께 특별한 감사를 드립니다. 끝으로, 이 책을 출판할 수 있도록 도와주신 학지사 김진환 사장님, 볼품없던 초고부터 인내와 수고로 섬겨 주신 편집부 김준범 부장님과 편집부 여러분께 진심으로 감사드립니다.

『눈으로 보는 수학』에서 다루는 주요 수학 기술

중재 수준	차시	주요 수학 기술
Level 1.1	1단계 1차시	소수를 분수로 나타내기
	1단계 2차시	분수를 소수로 나타내기
	1단계 3차시	자연수와 분수의 나눗셈-수막대 모델
	1단계 4차시	진분수와 진분수의 나눗셈-수막대 모델
	1단계 5차시	자연수와 분수의 나눗셈-역수 이용
	1단계 6차시	분수와 분수의 나눗셈-역수 이용
	1단계 7차시	소수점의 위치가 같은 소수의 나눗셈-분수 이용
	1단계 8차시	소수점의 위치가 다른 소수의 나눗셈-분수 이용
	1단계 9차시	소수의 나눗셈-세로셈 방법
Level 1.2	1단계 10차시	비의 뜻
	1단계 11차시	비율의 뜻
	1단계 12차시	백분율 구하기
	1단계 13차시	분수와 소수를 백분율로 나타내기
	1단계 14차시	전체-부분 관계를 이용하여 기준량과 비교하는 양 구하기
	1단계 15차시	등식의 의미와 방정식 만들기
	1단계 16차시	등식의 성질을 이용하여 방정식 풀기
Level 2.1	2단계 1차시	거듭제곱의 뜻
	2단계 2차시	소인수분해의 뜻을 이해하고 구하기
	2단계 3차시	소인수분해 이용하여 최대공약수 구하기
	2단계 4차시	소인수분해 이용하여 최소공배수 구하기
Level 2.2	2단계 5차시	양의 정수와 음의 정수
	2단계 6차시	유리수의 뜻과 유리수의 대소 비교

	2단계 7차시	정수와 유리수의 덧셈
	2단계 8차시	덧셈의 교환법칙과 결합법칙
	2단계 9차시	정수와 유리수의 뺄셈
	2단계 10차시	유리수의 덧셈과 뺄셈의 혼합계산
	2단계 11차시	정수와 유리수의 곱셈
	2단계 12차시	정수와 유리수의 나눗셈
Level 2.3	2단계 13차시	곱셈의 교환법칙과 결합법칙을 이용한 곱셈 계산
	2단계 14차시	덧셈에 대한 곱셈의 분배법칙
	2단계 15차시	유리수의 혼합계산
	2단계 16차시	문자를 사용한 식
	2단계 17차시	문자를 사용한 곱셈식 간단히 나타내기
	2단계 18차시	문자를 사용한 나눗셈식 간단히 나타내기
	2단계 19차시	식의 값
	2단계 20차시	일차식과 수의 곱셈
Level 2.4	2단계 21차시	일차식과 수의 나눗셈
	2단계 22차시	계수가 정수인 일차식의 덧셈과 뺄셈
	2단계 23차시	계수가 유리수인 일차식의 덧셈과 뺄셈
	2단계 24차시	일차방정식과 그 해
	2단계 25차시	등식의 성질을 이용하여 일차방정식의 해 구하기
	2단계 26차시	이항을 이용하여 일차방정식의 해 구하기
	3단계 1차시	유한소수로 나타낼 수 있는 분수 찾기
Level 3.1	3단계 2차시	순환소수의 순환마디 나타내기
	3단계 3차시	순환소수를 분수로 나타내기

	3단계 4차시	지수법칙을 이용한 단항식의 곱셈
	3단계 5차시	지수법칙을 이용한 단항식의 나눗셈
	3단계 6차시	단항식의 곱셈
	3단계 7차시	단항식의 나눗셈
	3단계 8차시	단항식의 혼합셈
Level 3.2	3단계 9차시	문자가 2개인 일차식의 덧셈과 뺄셈
	3단계 10차시	이차식의 덧셈과 뺄셈
	3단계 11차시	단항식과 다항식의 곱셈을 포함하는 식의 덧셈과 뺄셈
	3단계 12차시	다항식과 단항식의 나눗셈을 포함하는 식의 덧셈과 뺄셈
	3단계 13차시	다항식과 다항식의 곱셈
	3단계 14차시	다항식의 거듭제곱-곱셈 공식 1
	3단계 15차시	둘째 항의 부호만 반대인 두 다항식의 곱-곱셈 공식 2
	3단계 16차시	두 다항식의 곱셈-곱셈 공식 3
	3단계 17차시	두 다항식의 곱셈-곱셈 공식 4
Level 3.3	3단계 18차시	주어진 식의 문자에 다른 식 대입하기
	3단계 19차시	등식의 변형-등식을 한 문자에 대해 풀기
	3단계 20차시	미지수가 2개인 일차방정식의 해 구하기
	3단계 21차시	연립방정식의 해 구하기 1-대입법
	3단계 22차시	연립방정식의 해 구하기 2-가감법
	3단계 23차시	주어진 수 대입하여 부등식의 해 구하기
	3단계 24차시	일차부등식의 풀이
	3단계 25차시	연립일차부등식의 풀이

『눈으로 보는 수학』 사용 방법

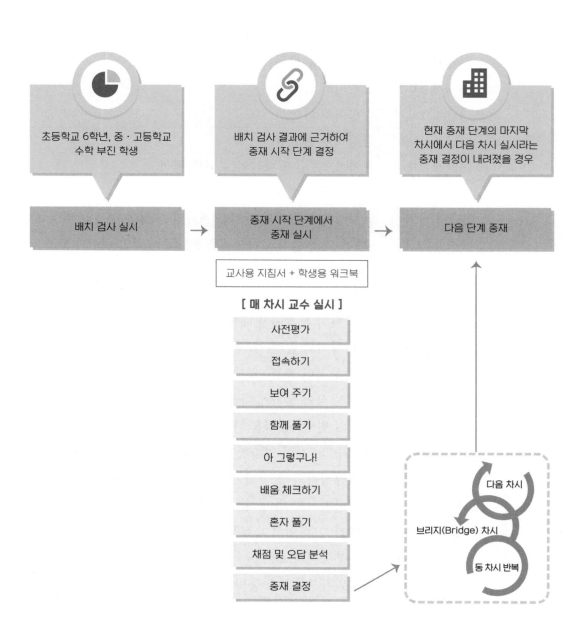

초등학교 6학년, 중·고등학교
수학 부진 학생

배치 검사 결과에 근거하여
중재 시작 단계 결정

현재 중재 단계의 마지막
차시에서 다음 차시 실시라는
중재 결정이 내려졌을 경우

배치 검사 실시 → 중재 시작 단계에서
중재 실시 → 다음 단계 중재

교사용 지침서 + 학생용 워크북

[매 차시 교수 실시]

사전평가

접속하기

보여 주기

함께 풀기

아 그렇구나!

배움 체크하기

혼자 풀기

채점 및 오답 분석

중재 결정

다음 차시

브리지(Bridge) 차시

동 차시 반복

차례

Level **1**

소수를 분수로 나타내기

사전평가(1~7)

✎ 다음 분수를 기약분수로 나타내시오.

1. $\dfrac{6}{10}$

2. $\dfrac{46}{100}$

◆ 다음 소수를 분수로 나타내시오.

3. 0.375

4. 2.25

5. 0.07

6. 1.025

7. 9.35

보여 주는 문제(1~3) ....

① 0.45를 분수로 나타내시오.

1. 소수의 자연수 부분을 대분수의 자연수 부분에 쓰기
- 소수의 자연수 부분이 0일 때는 대분수의 자연수 부분에 아무것도 쓰지 않는다.

2. 소수의 소수 부분을 대분수의 분자에 쓰기
- 소수의 소수 부분인 45를 분자에 쓴다.

3. 소수점 아래 자릿수를 세어 분모에 들어갈 10의 거듭제곱수(0의 개수)를 결정하기

자연수	분자
	45
	100 분모

- 소수 0.45의 소수점 아랫수는 45로 두 자릿수이므로 분모는 10의 2거듭제곱수$(10)^2$, 즉 100이다.

$$\rightarrow \frac{45 \div 5}{100 \div 5} = \frac{9}{20} \rightarrow 0.45 = \frac{9}{20}$$

4. 분모와 분자를 약분하여 기약분수로 나타내기

$\frac{45}{100}$는 분모와 분자를 5로 약분할 수 있다.

$$\rightarrow \frac{45 \div 5}{100 \div 5} = \frac{9}{20} \rightarrow 0.45 = \frac{9}{20}$$

❷ 1.25를 분수로 나타내시오.

1. 소수의 자연수 부분을 대분수의 자연수 부분에 쓰기

● 소수의 자연수 부분이 1이므로 대분수의 자연수 부분에는 1을 쓴다.

2. 소수의 소수 부분을 대분수의 분자에 쓰기

● 소수의 소수 부분인 25를 분자에 쓴다.

3. 소수점 아래 자릿수를 세어 분모에 들어갈 10 의 거듭제곱수(0의 개수)를 결정하기

● 소수 1.25의 소수점 아랫수는 25로 두 자릿 수이므로 분모는 10의 2거듭제곱수$(10)^2$, 즉 100이다.

자연수	분자
1	**25**
	100 분모

4. 분모와 분자를 약분하여 기약분수로 나타내기

● $1\frac{25}{100}$ 는 분모와 분자를 25로 약분할 수 있다.

→ $1\frac{25 \div 25}{100 \div 25} = 1\frac{1}{4}$ → $1.25 = 1\frac{1}{4}$

❸ 0.121을 분수로 나타내시오.

1. 소수의 자연수 부분을 대분수의 자연수 부분에 쓰기
   - 소수의 자연수 부분이 0일 때는 대분수의 자연수 부분에 아무것도 쓰지 않는다.

2. 소수의 소수 부분을 대분수의 분자에 쓰기
   - 소수의 소수 부분인 121을 분자에 쓴다.

3. 소수점 아래 자릿수를 세어 분모에 들어갈 10의 거듭제곱수(0의 개수)를 결정하기
   - 소수 0.121의 소수점 아랫수는 121로 세 자릿수이므로 분모는 10의 3거듭제곱수$(10)^3$, 즉 1000이다.

자연수	분자
	121
	1000
	분모

4. 분모와 분자를 약분하여 기약분수로 나타내기
   - $\dfrac{121}{1000}$ 은 분모와 분자를 더 이상 약분할 수 없는 기약분수이다.

   → $0.121 = \dfrac{121}{1000}$

◆ 다음 소수를 분수로 나타내시오(선생님과 문제를 푸는 동안 문제 풀이를 아래에 적어 보시오).

❶ 0.75

   1. 소수의 자연수 부분을 대분수의 자연수 부분에 쓰기

   2. 소수의 소수 부분을 대분수의 분자에 쓰기

   3. 소수점 아래 자릿수를 세어 분모에 들어갈 10의 거듭제곱수(0의 개수)를 결정하기

자연수	분자
	분모

   4. 분모와 분자를 약분하여 기약분수로 나타내기

정답: _____

2 3.33

1. 소수의 자연수 부분을 대분수의 자연수 부분에 쓰기

2. 소수의 소수 부분을 대분수의 분자에 쓰기

3. 소수점 아래 자릿수를 세어 분모에 들어갈 10의 거듭제곱수(0의 개수)를 결정하기

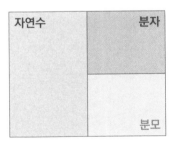

자연수	분자
	분모

4. 분모와 분자를 약분하여 기약분수로 나타내기

정답: _____

❸ 10.35

1. 소수의 자연수 부분을 대분수의 자연수 부분에 쓰기

2. 소수의 소수 부분을 대분수의 분자에 쓰기

3. 소수점 아래 자릿수를 세어 분모에 들어갈 10의 거듭제곱수(0의 개수)를 결정하기

자연수	분자
	분모

4. 분모와 분자를 약분하여 기약분수로 나타내기

정답: ＿＿＿＿＿＿＿＿＿＿

아 그렇구나! (1~2)

1 2.015를 분수로 나타낼 때 혼동되는 점은 무엇입니까?

주어진 문제는 소수 부분을 대분수의 분자에 쓸 때 혼동스러울 수 있습니다.

2.015의 소수 부분은 015인데 분수의 분자에 쓸 때는 015라 쓰지 않고 15라 써야 합니다. $2.015 = 2\frac{15}{1000}$ 이고 $2\frac{15}{1000}$ 는 분자와 분모가 5로 약분이 가능하므로 $2\frac{3}{200}$ 이 답입니다.

2 0.120을 분수로 나타낼 때 혼동되는 점은 무엇입니까?

0.120의 소수 부분 마지막 자리에 0이 있습니다. 0.120의 소수점 아래 수는 120으로 세 자리 수이므로 분모는 10을 세제곱한 수 1000이라 쓴 후, 분자를 결정할 때 0.120이 0.12와 같다고 알고 있어서 120 대신 12라고 쓰면 오답을 얻게 됩니다. $\frac{120}{1000}$ 이라 쓰고 40으로 분모와 분자를 나누면 $\frac{3}{25}$ 이 정답입니다.

 오늘 우리가 함께 공부한 것을 혼자서도 할 수 있는지 체크해 봅시다. 혼자서도 할 수 있으면 👍,
선생님의 도움이 더 필요하다면 ❓에 동그라미로 표시하세요.

배움 체크 리스트	👍	❓
1. 소수는 0이나 자연수 부분과 소수 부분으로 이루어진다는 것을 이해합니다.		
2. 대분수는 자연수 부분과 소수 부분으로 이루어진다는 것을 이해합니다.		
3. 분수의 약분을 이해하고 적용할 수 있습니다.		
4. 소수를 분수로 바꿀 때는 소수의 자연수 부분의 값은 대분수의 자연수 부분에 쓰고, 소수점 아랫값은 분자가 된다는 것을 이해하고 적용할 수 있습니다.		
5. 소수의 자연수 부분의 값이 0일 때는 대분수의 자연수 부분을 빈칸으로 둔다는 것을 이해하고 적용할 수 있습니다.		
6. 10을 소수점 아래 자릿수만큼 거듭제곱한 수가 분모가 된다는 것을 이해하고 적용할 수 있습니다.		
7. 소수를 분수로 나타낸 후, 약분이 가능한 분수는 약분하여 기약분수로 나타낸다는 것을 이해하고 적용할 수 있습니다.		

오늘 배운 것을 기억하면서 문제를 혼자 풀어 보는 시간입니다. 내비게이션 1.1 을 사용하면 도움이 됩니다.

✎ 다음 분수를 기약분수로 나타내시오.

1. $\dfrac{8}{10}$

2. $\dfrac{55}{100}$

◆ 다음 소수를 분수로 나타내시오.

3. 0.425

4. 1.75

5. 0.003

6. 2.025

7. 4.35

분수를 소수로 나타내기

✏️ 다음 나눗셈식을 분수로 나타내시오.

1. $3 \div 5$

2. $9 \div 12$

◆ 다음 분수를 소수로 나타내시오.

3. $\dfrac{9}{15}$

4. $\dfrac{14}{25}$

5. $\dfrac{27}{75}$

6. $14\dfrac{3}{5}$

7. $3\dfrac{1}{8}$

❶ $\frac{5}{8}$ 를 소수로 나타내시오.

1. 대분수의 자연수 부분을 소수점 왼쪽에 쓰기
- 대분수의 자연수 부분이 없으므로 소수점 왼쪽
  에 0을 쓴다.

		$\frac{5}{8}$
⬇		
0	.	

2. 분자를 분모로 나눈 값을 소수점을 맞추어 자연
수 아랫줄에 쓰기
- 5 ÷ 8 = 0.625이므로 0.625를 소수점을 맞추어
  자연수 아랫줄에 쓴다.

		$\frac{5}{8}$
⬇		⬇
0	.	
0	.	625

3. 분자를 분모로 나눗셈한 값을 자연수(또는 0)와
덧셈하기
- 분자를 분모로 나눈 값인 0.625를 0과 덧셈하면
  0.625가 된다.
- $\frac{5}{8}$ 를 소수로 나타내면 0.625이다.

		$\frac{5}{8}$
⬇		⬇
0	.	
+0	.	625
0	.	625

❷ $1\frac{19}{25}$ 를 소수로 나타내시오.

1. 대분수의 자연수 부분을 소수점 왼쪽에 쓰기
- 대분수의 자연수 부분이 1이므로 소수점 왼쪽에 1을 쓴다.

1		$\frac{19}{25}$
⬇		
1	.	

2. 분자를 분모로 나눈 값을 소수점을 맞추어 자연수 아랫줄에 쓰기
- $19 \div 25 = 0.76$이므로 0.76을 소수점을 맞추어 자연수 아랫줄에 쓴다.

1		$\frac{19}{25}$
⬇		⬇
1	.	
0	.	76

3. 분자를 분모로 나눗셈한 값을 자연수(또는 0)와 덧셈하기
- 분자를 분모로 나눈 값인 0.76을 자연수 1과 덧셈하면 1.76이 된다.
- $1\frac{19}{25}$ 를 소수로 나타내면 1.76이다.

1		$\frac{19}{25}$
⬇		⬇
1	.	
+0	.	76
1	.	76

❸ $\frac{3}{20}$ 을 분수로 나타내시오.

1. 대분수의 자연수 부분을 소수점 왼쪽에 쓰기
- 대분수의 자연수 부분이 없으므로 소수점 왼쪽에 0을 쓴다.

		$\frac{3}{20}$
⬇		
0	.	

2. 분자를 분모로 나눈 값을 소수점을 맞추어 자연수 아랫줄에 쓰기
   - 3 ÷ 20 = 0.15이므로 0.15를 소수점을 맞추어 자연수 아랫줄에 쓴다.

		$\dfrac{3}{20}$
↓		↓
0	.	
0	.	15

3. 분자를 분모로 나눗셈한 값을 자연수(또는 0)와 덧셈하기
   - 분자를 분모로 나눈 값인 0.15를 0과 덧셈하면 0.15가 된다.
   - $\dfrac{3}{20}$을 소수로 나타내면 0.15이다.

		$\dfrac{3}{20}$
↓		↓
0	.	
+0	.	15
0	.	15

◆ 다음 분수를 소수로 나타내시오(선생님과 문제를 푸는 동안 문제 풀이를 아래에 적어 보시오).

1 $\dfrac{15}{50}$

    1. 대분수의 자연수 부분을 소수점 왼쪽에 쓰기

		$\dfrac{15}{50}$
↓		
	·	

    2. 분자를 분모로 나눈 값을 소수점을 맞추어 자연수 아랫줄에 쓰기

		$\dfrac{15}{50}$
↓		↓
	·	
	·	

    3. 분자를 분모로 나눗셈한 값을 자연수(또는 0)와 덧셈하기

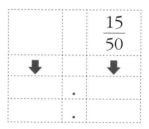

정답: _____

❷ $7\frac{1}{8}$

1. 대분수의 자연수 부분을 소수점 왼쪽에 쓰기

Level 1
2차시

2. 분자를 분모로 나눈 값을 소수점을 맞추어 자연수 아랫줄에 쓰기

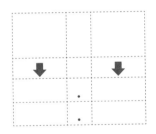

3. 분자를 분모로 나눗셈한 값을 자연수(또는 0)와 덧셈하기

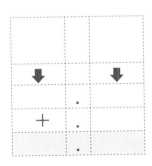

정답: _____

❸ $10\dfrac{21}{25}$

1. 대분수의 자연수 부분을 소수점 왼쪽에 쓰기

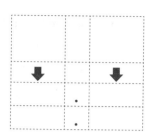

2. 분자를 분모로 나눈 값을 소수점을 맞추어 자연수 아랫줄에 쓰기

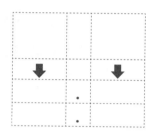

3. 분자를 분모로 나눗셈한 값을 자연수(또는 0)와 덧셈하기

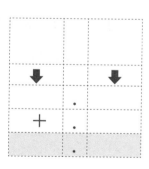

정답: _____

아 그렇구나! (1~2) ⋯⋯⋯⋯⋯⋯⋯⋯⋯⋯⋯⋯⋯⋯⋯⋯⋯⋯

Level 1
2차시

❶ $2\frac{7}{2}$을 소수로 나타낼 때 혼동되는 점은 무엇입니까?

지금까지 연습한 문제는 분수 부분이 진분수라 0보다 작은 소수로 바꿔어서 분수의 자연수가 소수의 자연수가 되고 분자를 분모로 나눈 값이 소수의 소수 부분이 되었습니다. 주어진 문제는 분수 부분($\frac{7}{2}$)이 가분수라 분자를 분모로 나눈 값이 1보다 큰 소수로 바뀝니다. $2\frac{7}{2}$의 자연수 부분은 2이고 분수 부분인 $\frac{7}{2}$을 소수로 바꾸면 3.5이므로 2와 3.5를 더하면 5.5가 됩니다.

❷ $\frac{77}{2000}$을 계산할 때 혼동되는 점은 무엇입니까?

$\frac{77}{2000}$을 소수로 바꿀 때는 77을 2000으로 나눌 때 소수점 아래 소수 부분이 0을 포함하게 되므로 혼동스러울 수 있습니다. 주어진 문제는 $\frac{77}{20}$ × $\frac{1}{100}$로 나누어 계산하면 좀 더 용이하게 풀 수 있습니다. $\frac{77}{20}$은 3.85이고 3.85에 $\frac{1}{100}$을 곱하면 3.85의 소수점이 왼쪽으로 두 자리 이동합니다. 0.0385가 정답입니다.

오늘 우리가 함께 공부한 것을 혼자서도 할 수 있는지 체크해 봅시다. 혼자서도 할 수 있으면 👍, 선생님의 도움이 더 필요하다면 ❓에 동그라미로 표시하세요.

배움 체크 리스트	👍	❓
1. 소수는 0이나 자연수 부분과 소수 부분으로 이루어진다는 것을 이해합니다.		
2. 대분수는 자연수 부분과 소수 부분으로 이루어진다는 것을 이해합니다.		
3. 나뉘는 수가 나누는 수보다 작은 자연수의 나눗셈을 할 수 있습니다.		
4. 분모가 10의 거듭제곱수일 때는 분모에 있는 0의 개수만큼 소수점을 왼쪽으로 옮긴다는 것을 이해하고 적용할 수 있습니다.		
5. 분수를 소수로 바꿀 때는 분수의 자연수 부분의 값과 분자를 분모로 나눈 값을 덧셈한다는 것을 이해하고 적용할 수 있습니다.		
6. 분수의 자연수 부분이 없을 때는 분자를 분모로 나눈 값이 분수를 소수로 나타낸 값이라는 것을 이해하고 적용할 수 있습니다.		
7. 가분수를 소수로 나타내면 1보다 큰 소수가 된다는 것을 이해하고 적용할 수 있습니다.		

오늘 배운 것을 기억하면서 문제를 혼자 풀어 보는 시간입니다. 내비게이션 1.2 를 사용하면 도움이 됩니다.

✎ 다음 나눗셈식을 분수로 나타내시오.

1. $3 \div 5$

2. $9 \div 12$

◆ 다음 분수를 소수로 나타내시오.

3. $\dfrac{9}{15}$

4. $\dfrac{14}{25}$

5. $\dfrac{27}{75}$

6. $14\dfrac{3}{5}$

7. $3\dfrac{1}{8}$

3차시

자연수와 분수의 나눗셈 – 수막대 모델

사전평가(1~7)

◆ 나눗셈 결과를 대분수로 나타내시오.

1. $5 \div 2$

2. $10 \div 3$

♦ 다음 문제를 수막대를 그려 풀어 보시오.

3. $4 \div \dfrac{2}{3}$

4. $6 \div \dfrac{3}{7}$

5. $5 \div \dfrac{5}{4}$

6. $4 \div \dfrac{5}{3}$

7. $3 \div \dfrac{6}{5}$

✏️ 다음을 계산하시오.

❶ $2 \div \dfrac{2}{3}$ 를 수막대를 그려 계산하시오.

1. 수막대를 피제수인 자연수만큼 그리기

- 2가 피제수이므로 수막대 2개를 그린다.

2. 각 수막대를 제수의 분모만큼 나누기

- 제수인 $\dfrac{2}{3}$ 의 분모는 3이므로 각 수막대를 3등분한다.

1				2		

3. 단위분수 표시하기

- 1을 3등분한 것을 나타내는 단위분수는 $\dfrac{1}{3}$ 이다.

1				2		
$\dfrac{1}{3}$	$\dfrac{1}{3}$	$\dfrac{1}{3}$		$\dfrac{1}{3}$	$\dfrac{1}{3}$	$\dfrac{1}{3}$

4. 제수인 분수를 나타내는 양만큼 수막대에 표시하기

● 제수인 분수는 $\frac{2}{3}$ 이므로 $\frac{1}{3}$ 을 두 칸 색칠한다.

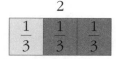

5. 전체 수막대에 제수인 분수가 몇 번 포함되었는지 세어 나눗셈의 몫을 결정하기

● 수막대 2개 안에 $\frac{2}{3}$ 가 3번 포함되었으므로 나눗셈의 몫은 3이다.

6. 나머지 결정하기: 몫을 구하고 남은 칸이 제수를 나타내는 칸의 몇 분의 몇인지 분수로 나타내기($\frac{\text{남은 칸 수}}{\text{제수 칸 수}}$)

● 남은 칸이 없다.

7. 나눗셈 결과 대분수로 쓰기

● 몫은 대분수의 자연수 자리, 나머지는 분수 자리에 쓴다.

● 몫은 3이고 나머지는 없으므로 $2 \div \frac{2}{3} = 3$ 이다.

2 $3 \div \dfrac{3}{2}$을 수직선에 그림을 그려 계산하시오.

1. 수막대를 피제수인 자연수만큼 그리기

- 3이 피제수이므로 수막대 3개를 그린다.

Level 1
3차시

2. 각 수막대를 제수의 분모만큼 나누기

- 제수인 $\dfrac{3}{2}$의 분모는 2이므로 각 수막대를 2등분한다.

3. 단위분수 표시하기

- 1을 2등분한 것을 나타내는 단위분수는 $\dfrac{1}{2}$이다.

1		2		3	
$\dfrac{1}{2}$	$\dfrac{1}{2}$	$\dfrac{1}{2}$	$\dfrac{1}{2}$	$\dfrac{1}{2}$	$\dfrac{1}{2}$

4. 제수인 분수를 나타내는 양만큼 수막대에 표시하기

- 제수인 분수는 $\dfrac{3}{2}$이므로 $\dfrac{1}{2}$을 3칸 색칠한다.

1		2		3	
$\dfrac{1}{2}$	$\dfrac{1}{2}$	$\dfrac{1}{2}$	$\dfrac{1}{2}$	$\dfrac{1}{2}$	$\dfrac{1}{2}$

5. 전체 수막대에 제수인 분수가 몇 번 포함되었는지 세어 나눗셈의 몫을 결정하기

- 수막대 3개 안에 $\dfrac{3}{2}$이 2번 포함되었으므로 나눗셈의 몫은 2이다.

6. 나머지 결정하기: 몫을 구하고 남은 칸이 제수를 나타내는 칸의 몇 분의 몇인지 분수로 나타내기($\dfrac{\text{남은 칸 수}}{\text{제수 칸 수}}$)

- 남은 칸이 없다.

7. 나눗셈 결과 대분수로 쓰기

- 몫은 대분수의 자연수 자리, 나머지는 분수 자리에 쓴다.
- 몫은 2이고 나머지는 없으므로 $3 \div \dfrac{3}{2} = 2$이다.

❸ $3 \div \dfrac{4}{3}$를 수직선에 그림을 그려 계산하시오.

1. 수막대를 피제수인 자연수만큼 그리기

- 3이 피제수이므로 수막대 3개를 그린다.

2. 각 수막대를 제수의 분모만큼 나누기

● 제수인 $\frac{4}{3}$의 분모는 3이므로 각 수막대를 3등분한다.

Level 1
3차시

1	2	3

3. 단위분수 표시하기

● 1을 3등분한 것을 나타내는 단위분수는 $\frac{1}{3}$이다.

	1				2				2	
$\frac{1}{3}$	$\frac{1}{3}$	$\frac{1}{3}$		$\frac{1}{3}$	$\frac{1}{3}$	$\frac{1}{3}$		$\frac{1}{3}$	$\frac{1}{3}$	$\frac{1}{3}$

4. 제수인 분수를 나타내는 양만큼 수막대에 표시하기

● 제수인 분수는 $\frac{4}{3}$이므로 $\frac{1}{3}$을 4칸 색칠한다.

	1				2				3	
$\frac{1}{3}$	$\frac{1}{3}$	$\frac{1}{3}$		$\frac{1}{3}$	$\frac{1}{3}$	$\frac{1}{3}$		$\frac{1}{3}$	$\frac{1}{3}$	$\frac{1}{3}$

5. 전체 수막대에 제수인 분수가 몇 번 포함되었는지 세어 나눗셈의 몫을 결정하기

● 수막대 3개 안에 $\frac{4}{3}$가 2번 포함되었으므로 나눗셈의 몫은 2이다.

	1				2				3	
$\frac{1}{3}$	$\frac{1}{3}$	$\frac{1}{3}$		$\frac{1}{3}$	$\frac{1}{3}$	$\frac{1}{3}$		$\frac{1}{3}$	$\frac{1}{3}$	$\frac{1}{3}$

6. 나머지 결정하기: 몫을 구하고 남은 칸이 제수를 나타내는 칸의 몇 분의 몇인지 분수로 나타내기($\frac{\text{남은 칸 수}}{\text{제수 칸 수}}$)

- 남은 칸은 한 칸이고 제수를 나타내는 칸은 4칸이므로 나머지를 분수로 나타내면 $\frac{\text{남은 칸 수}}{\text{제수 칸 수}} = \frac{1}{4}$ 이다.

- $\frac{\text{남은 칸 수}}{\text{제수 칸 수}} = \frac{1}{4}$

7. 나눗셈의 결과 대분수로 쓰기

- 몫은 대분수의 자연수 자리, 나머지는 분수 자리에 쓴다.

- 몫은 2이고 나머지는 $\frac{1}{4}$ 이므로 $3 \div \frac{4}{3} = 2\frac{1}{4}$

◆ 다음 나눗셈을 계산하시오(선생님과 문제를 푸는 동안 문제 풀이를 아래에 적어 보시오).

❶ $3 \div \dfrac{3}{4}$ 을 수직선에 그림을 그려 계산하시오.

1. 수막대를 피제수인 자연수만큼 그리기

2. 각 수막대를 제수의 분모만큼 나누기

3. 단위분수 표시하기

4. 제수인 분수를 나타내는 양만큼 수막대에 표시하기

5. 전체 수막대에 제수인 분수가 몇 번 포함되었는지 세어 나눗셈의 몫 결정 하기

6. 나머지 결정하기: 몫을 구하고 남은 칸이 제수를 나타내는 칸의 몇 분의 몇인지 분수로 나타내기($\frac{\text{남은 칸 수}}{\text{제수 칸 수}}$)

  - $\frac{\text{남은 칸 수}}{\text{제수 칸 수}} =$

7. 나눗셈의 결과 대분수로 쓰기 ← 몫은 대분수의 자연수 자리, 나머지는 분수 자리 에 쓴다.

정답: _____

❷ $5 \div \dfrac{5}{3}$ 를 수직선에 그림을 그려 계산하시오.

1. 수막대를 피제수인 자연수만큼 그리기

Level 1
3차시

2. 각 수막대를 제수의 분모만큼 나누기

3. 단위분수 표시하기

4. 제수인 분수를 나타내는 양만큼 수막대에 표시하기

5. 전체 수막대에 제수인 분수가 몇 번 포함되었는지 세어 나눗셈의 몫 결정
    하기

6. 나머지 결정하기: 몫을 구하고 남은 칸이 제수를 나타내는 칸의 몇 분의
    몇인지 분수로 나타내기 $\left(\dfrac{\text{남은 칸 수}}{\text{제수 칸 수}}\right)$

    • $\dfrac{\text{남은 칸 수}}{\text{제수 칸 수}}$ =

7. 나눗셈의 결과 대분수로 쓰기 ← 몫은 대분수의 자연수 자리, 나머지는 분수 자리
    에 쓴다.

정답: _____

❸ $2 \div \dfrac{4}{5}$ 를 수직선에 그림을 그려 계산하시오.

1. 수막대를 피제수인 자연수만큼 그리기

2. 각 수막대를 제수의 분모만큼 나누기

3. 단위분수 표시하기

4. 제수인 분수를 나타내는 양만큼 수막대에 표시하기

5. 전체 수막대에 제수인 분수가 몇 번 포함되었는지 세어 나눗셈의 몫 결정하기

6. 나머지 결정하기: 몫을 구하고 남은 칸이 제수를 나타내는 칸의 몇 분의 몇인지 분수로 나타내기($\frac{남은 칸 수}{제수 칸 수}$)

- $\dfrac{남은 칸 수}{제수 칸 수} =$

7. 나눗셈의 결과 대분수로 쓰기 ← 몫은 대분수의 자연수 자리, 나머지는 분수 자리에 쓴다.

정답: _____

1 $5 \div \dfrac{1}{3}$을 계산할 때 혼동되는 점은 무엇입니까?

Level 1
3차시

자연수의 나눗셈에서 나눗셈의 결과는 피제수보다 작다고 배웠습니다. $5 \div \dfrac{1}{3}$을 수막대를 사용하여 풀면 답은 15입니다. 나눗셈의 결과가 피제수인 5보다 작아야 한다고 생각하는 경우에는 답을 구하고도 정답이 아니라고 생각할 수 있습니다. 자연수의 나눗셈에서는 몫이 피제수보다 작지만 분수의 나눗셈에서는 몫이 피제수보다 커질 수 있습니다.

2 $4 \div \dfrac{7}{5}$을 계산할 때 혼동되는 점은 무엇입니까?

주어진 나눗셈을 풀기 위해 수막대를 그리면, 4는 $\dfrac{7}{5}$을 두 번 포함하고 나머지 칸이 6칸이 됩니다. 이 문제의 경우, 네 번째 1을 나타내는 수막대 전체가 나머지 칸이 되므로(나머지가 크므로) $\dfrac{7}{5}$을 한 번 더 포함할 수 있다고 생각하거나 나머지를 분수로 나타내는 데 어려움을 보입니다.

1	2	3	4
$\frac{1}{5}$ $\frac{1}{5}$ $\frac{1}{5}$ $\frac{1}{5}$ $\frac{1}{5}$	$\frac{1}{5}$ $\frac{1}{5}$ $\frac{1}{5}$ $\frac{1}{5}$ $\frac{1}{5}$	$\frac{1}{5}$ $\frac{1}{5}$ $\frac{1}{5}$ $\frac{1}{5}$ $\frac{1}{5}$	$\frac{1}{5}$ $\frac{1}{5}$ $\frac{1}{5}$ $\frac{1}{5}$ $\frac{1}{5}$

몫을 구하고 남은 칸이 많더라도 제수를 나타내는 칸보다 적다면 제수를 한 번 더 포함할 수 없습니다. 이 나눗셈의 나머지를 나타내는 분수는 $\dfrac{\text{남은 칸 수}}{\text{제수 칸 수}}$ $= \dfrac{6}{7}$입니다. 몫과 나머지를 대분수로 나타내면 $4 \div \dfrac{7}{5} = 2\dfrac{6}{7}$입니다.

배움 체크하기

 오늘 우리가 함께 공부한 것을 혼자서도 할 수 있는지 체크해 봅시다. 혼자서도 할 수 있으면 👍, 선생님의 도움이 더 필요하다면 ❓에 동그라미로 표시하세요.

배움 체크 리스트	👍	❓
1. 자연수의 나눗셈을 할 수 있고 몫과 나머지의 의미를 이해합니다.		
2. 단위분수의 의미를 이해하고 어떤 분수를 단위분수들의 합으로 나타낼 수 있습니다.		
3. 자연수 ÷ 분수의 계산 결과는 피제수인 자연수보다 큰 수라는 것을 이해하고 적용할 수 있습니다.		
4. 수막대를 그려 자연수와 분수의 나눗셈을 할 때는 먼저 자연수만큼 수막대를 그리고 제수의 분모만큼 각 수막대를 등분한 후, 제수를 나타내는 칸을 색칠한다는 것을 이해하고 적용할 수 있습니다.		
5. 그려진 수막대에 제수값을 나타내는 부분이 몇 번 포함되는지 세어 나눗셈의 몫을 구한다는 것을 이해하고 적용할 수 있습니다.		
6. 수막대에 제수값을 나타내는 부분을 반복적으로 포함시키고 더 이상 제수값을 포함시킬 수 없게 될 때, 피제수에 남은 칸을 세어 $\dfrac{\text{남은 칸 수}}{\text{제수 칸 수}}$ 를 구하여 나눗셈의 나머지를 구한다는 것을 이해하고 적용할 수 있습니다.		
7. 자연수 ÷ 분수의 계산 결과는 자연수나 대분수가 되는데, 나머지가 있는 경우는 대분수로 나타내며 대분수의 자연수 자리엔 몫을, 대분수의 분수 자리엔 나머지를 표시한다는 것을 이해하고 적용할 수 있습니다.		

오늘 배운 것을 기억하면서 문제를 혼자 풀어 보는 시간입니다. 내비게이션 1.3 을 사용하면 도움이 됩니다.

✎ 다음 나눗셈의 결과를 대분수로 나타내시오.

1. $5 \div 2$

2. $10 \div 3$

◆ 다음 나눗셈을 수막대를 사용하여 계산하시오.

3. $4 \div \dfrac{2}{3}$

4. $6 \div \dfrac{3}{7}$

5. $5 \div \dfrac{5}{4}$

6. $4 \div \dfrac{5}{3}$

7. $3 \div \dfrac{6}{5}$

4차시

진분수와 진분수의 나눗셈 – 수막대 모델

사전평가(1~7) ···

✎ 다음 문제를 수막대를 그려 풀어 보시오.

1. $5 \div 2$

2. $2 \div \dfrac{2}{3}$

3. $\dfrac{3}{4} \div \dfrac{1}{4}$

4. $\dfrac{3}{4} \div \dfrac{1}{2}$

5. $\dfrac{4}{5} \div \dfrac{1}{3}$

6. $\dfrac{1}{3} \div \dfrac{3}{4}$

7. $\dfrac{2}{5} \div \dfrac{2}{3}$

❶ $\frac{5}{6} \div \frac{2}{6}$ 를 수막대를 그려 풀어 보시오.

1. 분모 통분하기

- 분모가 같으므로 통분할 필요가 없다.

2. 크기가 1인 수막대를 분모의 양만큼 등분하고 단위분수 표시하기

- 분모는 6이므로 수막대를 6등분한다.
- 1을 6등분한 것을 나타내는 분수는 $\frac{1}{6}$이므로 단위분수는 $\frac{1}{6}$이다.

$$1$$

$\frac{1}{6}$	$\frac{1}{6}$	$\frac{1}{6}$	$\frac{1}{6}$	$\frac{1}{6}$	$\frac{1}{6}$

3. 피제수는 굵은 선, 제수는 색칠로 표시하기

- 피제수는 $\frac{5}{6}$($\frac{1}{6}$ + $\frac{1}{6}$ + $\frac{1}{6}$ + $\frac{1}{6}$ + $\frac{1}{6}$)이므로 다섯 번째 칸 다음에 굵은 선으로 그려 준다.
- 제수는 $\frac{2}{6}$($\frac{1}{6}$ + $\frac{1}{6}$)이므로 첫 번째와 두 번째 칸을 색칠한다.

$$1$$

$\frac{1}{6}$	$\frac{1}{6}$	$\frac{1}{6}$	$\frac{1}{6}$	$\frac{1}{6}$	$\frac{1}{6}$

4. 나눗셈의 몫 결정하기

- 피제수를 표시하는 선 안에 제수를 표시하는 부분이 몇 번 들어갈 수 있는지 확인한다.

- $\dfrac{5}{6}$ 안에 $\dfrac{2}{6}$가 2번 포함되었으므로 나눗셈의 몫은 2이다.

$$1$$

| $\dfrac{1}{6}$ | $\dfrac{1}{6}$ | $\dfrac{1}{6}$ | $\dfrac{1}{6}$ | $\dfrac{1}{6}$ | $\dfrac{1}{6}$ |

5. 나머지 결정하기: 피제수 선 안에서 남은 칸이 제수를 나타내는 칸의 몇 분의 몇인지 분수로 나타내기($\dfrac{\text{남은 칸 수}}{\text{제수 칸 수}}$)

- 남은 칸은 1칸이고 제수를 나타내는 칸은 2칸이므로 나머지를 나타내는 분수는 $\dfrac{\text{남은 칸 수}}{\text{제수 칸 수}} = \dfrac{1}{2}$이다.

6. 나눗셈 결과 대분수로 쓰기

- 몫은 대분수의 자연수 자리에, 나머지는 분수 자리에 쓴다.

- 몫은 2이고, 나머지를 나타내는 분수는 $\dfrac{1}{2}$이므로 $\dfrac{5}{6} \div \dfrac{2}{6} = 2\dfrac{1}{2}$이다.

❷ $\dfrac{7}{9} \div \dfrac{1}{3}$을 수막대를 그려 풀어 보시오.

1. 분모 통분하기

- $\dfrac{7}{9}$과 $\dfrac{1}{3}$을 분모의 최소공배수인 9로 통분한다.

$$\rightarrow \dfrac{7}{9} = \dfrac{7 \times 1}{9 \times 1} = \dfrac{7}{9} \qquad \dfrac{1}{3} = \dfrac{1 \times 3}{3 \times 3} = \dfrac{3}{9}$$

2. 크기가 1인 수막대를 분모의 양만큼 등분하고 단위분수 표시하기

● 통분된 두 분수의 분모는 9이므로 수막대를 9등분한다.

● 1을 9등분한 것을 나타내는 분수는 $\frac{1}{9}$이므로 단위분수는 $\frac{1}{9}$이다.

1

$\frac{1}{9}$	$\frac{1}{9}$	$\frac{1}{9}$	$\frac{1}{9}$	$\frac{1}{9}$	$\frac{1}{9}$	$\frac{1}{9}$	$\frac{1}{9}$	$\frac{1}{9}$

3. 피제수는 굵은 선, 제수는 색칠로 표시하기

● 피제수는 $\frac{7}{9}$($\frac{1}{9}$ + $\frac{1}{9}$ + $\frac{1}{9}$ + $\frac{1}{9}$ + $\frac{1}{9}$ + $\frac{1}{9}$ + $\frac{1}{9}$)이므로 일곱 번째 칸 끝에 굵은 선을 그린다.

● 제수는 $\frac{3}{9}$($\frac{1}{9}$ + $\frac{1}{9}$ + $\frac{1}{9}$)이므로 첫 번째부터 세 번째 칸까지 색칠한다.

1

$\frac{1}{9}$	$\frac{1}{9}$	$\frac{1}{9}$	$\frac{1}{9}$	$\frac{1}{9}$	$\frac{1}{9}$	$\frac{1}{9}$	$\frac{1}{9}$	$\frac{1}{9}$

4. 나눗셈의 몫 결정하기

● 피제수를 표시하는 선 안에 제수를 표시하는 부분이 몇 번 들어갈 수 있는지 확인한다.

● $\frac{7}{9}$ 안에 $\frac{3}{9}$이 2번 포함되었으므로 나눗셈의 몫은 2이다.

1

$\frac{1}{9}$	$\frac{1}{9}$	$\frac{1}{9}$	$\frac{1}{9}$	$\frac{1}{9}$	$\frac{1}{9}$	$\frac{1}{9}$	$\frac{1}{9}$	$\frac{1}{9}$

5. 나머지 결정하기: 피제수 선 안에서 남은 칸이 제수를 나타내는 칸의 몇 분의 몇인지 분수로 나타내기($\frac{\text{남은 칸 수}}{\text{제수 칸 수}}$)

● 남은 칸은 1칸이고 제수를 나타내는 칸은 3칸이므로 나머지를 나타내는 분수는 $\frac{\text{남은 칸 수}}{\text{제수 칸 수}} = \frac{1}{3}$ 이다.

6. 나눗셈 결과 대분수로 쓰기

● 몫은 대분수의 자연수 자리에, 나머지는 분수 자리에 쓴다.

● 몫은 2이고 나머지를 나타내는 분수는 $\frac{1}{3}$ 이므로 $\frac{7}{9} \div \frac{1}{3} = 2\frac{1}{3}$ 이다.

❸ $\frac{3}{4} \div \frac{2}{3}$ 를 수막대를 그려 풀어 보시오.

1. 분모 통분하기

● $\frac{3}{4}$ 과 $\frac{2}{3}$ 는 두 분모의 곱인 12로 통분된다.

→ $\frac{3}{4} = \frac{3 \times 3}{4 \times 3} = \frac{9}{12}$ 　　　　$\frac{2}{3} = \frac{2 \times 4}{3 \times 4} = \frac{8}{12}$

2. 크기가 1인 수막대를 분모의 양만큼 등분하고 단위분수 표시하기

● 통분된 두 분수의 분모는 12이므로 수막대를 12등분한다.

● 1을 12등분한 것을 나타내는 분수는 $\frac{1}{12}$ 이므로 단위분수는 $\frac{1}{12}$ 이다.

1											
$\frac{1}{12}$	$\frac{1}{12}$	$\frac{1}{12}$	$\frac{1}{12}$	$\frac{1}{12}$	$\frac{1}{12}$	$\frac{1}{12}$	$\frac{1}{12}$	$\frac{1}{12}$	$\frac{1}{12}$	$\frac{1}{12}$	$\frac{1}{12}$

3. 피제수는 굵은 선, 제수는 색칠로 표시하기

- 피제수는 $\frac{9}{12}$($\frac{1}{12}$ + $\frac{1}{12}$ + $\frac{1}{12}$ + $\frac{1}{12}$ + $\frac{1}{12}$ + $\frac{1}{12}$ + $\frac{1}{12}$ + $\frac{1}{12}$ + $\frac{1}{12}$) 이므로 아홉 번째 칸 다음에 굵은 선을 그린다.

- 제수는 $\frac{8}{12}$($\frac{1}{12}$ + $\frac{1}{12}$ + $\frac{1}{12}$ + $\frac{1}{12}$ + $\frac{1}{12}$ + $\frac{1}{12}$ + $\frac{1}{12}$ + $\frac{1}{12}$)이므로 첫 번째부터 여덟 번째 칸까지 색칠한다.

4. 나눗셈의 몫 결정하기

- 피제수를 표시하는 선 안에 제수를 표시하는 부분이 몇 번 들어갈 수 있는지 확인한다.

- $\frac{9}{12}$ 안에 $\frac{8}{12}$이 1번 포함되었으므로 나눗셈의 몫은 1이다.

5. 나머지 결정하기: 피제수 선 안에서 남은 칸이 제수를 나타내는 칸의 몇 분의 몇인지 분수로 나타내기($\frac{\text{남은 칸 수}}{\text{제수 칸 수}}$)

- 남은 칸은 1칸이고 제수를 나타내는 칸은 8칸이므로 나머지를 나타내는 분수는 $\frac{\text{남은 칸 수}}{\text{제수 칸 수}} = \frac{1}{8}$이다.

6. 나눗셈 결과 대분수로 쓰기

- 몫은 대분수의 자연수 자리에, 나머지는 분수 자리에 쓴다.

- 몫은 1이고 나머지를 나타내는 분수는 $\frac{1}{8}$이므로 $\frac{3}{4} \div \frac{2}{3} = 1\frac{1}{8}$이다.

✎ 다음 나눗셈을 계산하시오(선생님과 문제를 푸는 동안 문제 풀이를 아래에 적어 보세요).

❶ $\dfrac{7}{8} \div \dfrac{3}{4}$을 수막대를 그려 풀어 보시오.

   1. 분모 통분하기

   2. 크기가 1인 수막대를 분모의 양만큼 등분하고 단위분수 표시하기

   1

   3. 피제수는 굵은 선, 제수는 색칠로 표시하기

   1

4. 나눗셈의 몫 결정하기 ← 피제수를 표시하는 선 안에 제수를 표시하는 부분이 몇 번

들어갈 수 있는지 확인하기

$$1$$

Level 1
4차시

5. 나머지 결정하기: 피제수 선 안에서 남은 칸이 제수를 나타내는 칸의 몇

분의 몇인지 분수로 나타내기($\dfrac{\text{남은 칸 수}}{\text{제수 칸 수}}$)

- 나머지를 나타내는 분수는 $\dfrac{\text{남은 칸 수}}{\text{제수 칸 수}} =$

6. 나눗셈 결과 대분수로 쓰기 ← 몫은 대분수의 자연수 자리에, 나머지는 분수 자리에

쓰기

정답: _____

❷ $\frac{1}{2} \div \frac{2}{5}$ 를 수막대를 그려 풀어 보시오.

1. 분모 통분하기

2. 크기가 1인 수막대를 분모의 양만큼 등분하고 단위분수 표시하기

1

3. 피제수는 굵은 선, 제수는 색칠로 표시하기

1

4. 나눗셈의 몫 결정하기 ← 피제수를 표시하는 선 안에 제수를 표시하는 부분이 몇 번 들어갈 수 있는지 확인하기

1

5. 나머지 결정하기: 피제수 선 안에서 남은 칸이 제수를 나타내는 칸의 몇 분의 몇인지 분수로 나타내기($\dfrac{\text{남은 칸 수}}{\text{제수 칸 수}}$)

● 나머지를 나타내는 분수는 $\dfrac{\text{남은 칸 수}}{\text{제수 칸 수}}$ =

Level 1

4차시

6. 나눗셈 결과 대분수로 쓰기 ← 묶은 대분수의 자연수 자리에, 나머지는 분수 자리에 쓰기

정답: _____

❸ $\dfrac{2}{3} \div \dfrac{5}{7}$ 를 수막대를 그려 풀어 보시오.

1. 분모 통분하기

2. 크기가 1인 수막대를 분모의 양만큼 등분하고 단위분수 표시하기

1

3. 피제수는 굵은 선, 제수는 색칠로 표시하기

1

4. **나눗셈의 몫 결정하기** ← 피제수를 표시하는 선 안에 제수를 표시하는 부분이 몇 번 들어갈 수 있는지 확인하기

1

5. 나머지 결정하기: 피제수 선 안에서 남은 칸이 제수를 나타내는 칸의 몇 분의 몇인지 분수로 나타내기($\frac{\text{남은 칸 수}}{\text{제수 칸 수}}$)

- 나머지를 나타내는 분수는 $\frac{\text{남은 칸 수}}{\text{제수 칸 수}} =$

6. 나눗셈 결과 대분수로 쓰기 ← 묶은 대분수의 자연수 자리에, 나머지는 분수 자리에 쓰기

정답: _____

❶ $\frac{1}{2} \div \frac{2}{3}$를 수막대를 그려 계산할 때 혼동되는 점은 무엇입니까?

주어진 문제는 $\frac{1}{2}$을 나타내는 수막대 그림 안에 $\frac{2}{3}$를 나타내는 그림이 한 번도 포함되지 않는 경우입니다. 몫이 0이고 나머지를 나타내는 분수가 $\frac{3}{4}$입니다. 나눗셈의 계산 결과를 대분수로 나타낼 때 몫이 0인 경우, 몫의 자리에 0이라 쓰지 않고 몫의 자리를 비워 둡니다. 따라서 $\frac{1}{2} \div \frac{2}{3}$ $= \frac{3}{4}$입니다.

❷ $\frac{4}{5} \div \frac{4}{5}$를 수막대를 그려 계산할 때 혼동되는 점은 무엇입니까?

주어진 나눗셈을 수막대에 나타내면 피제수가 제수와 같아서 지금까지 배운 절차를 적용하는 것에 혼동이 올 수 있습니다. 피제수 $\frac{4}{5}$에는 제수 $\frac{4}{5}$가 한 번 포함되고 나머지는 없습니다. 몫이 1이고 나머지가 없는 경우, 나눗셈 결과를 대분수로 나타낼 때 자연수 자리엔 몫을 쓰고 나머지 자리에는 아무것도 쓰지 않습니다. 다시 말해, 나누어 떨어지는 경우엔 몫을 자연수로 나타냅니다. $\frac{4}{5} \div \frac{4}{5}$ = 1입니다.

$\frac{1}{5}$	$\frac{1}{5}$	$\frac{1}{5}$	$\frac{1}{5}$	$\frac{1}{5}$

❸ $1\frac{1}{2} \div \frac{1}{3}$ 을 수막대를 그려 계산할 때 혼동되는 점은 무엇입니까?

주어진 나눗셈은 대분수가 피제수인 경우입니다. 먼저, 대분수인 피제수 $1\frac{1}{2}$ 을 가분수 $\frac{3}{2}$ 으로 바꾸고, $\frac{3}{2}$ 안에 제수 $\frac{1}{3}$ 이 몇 번 포함되는지를 확인하여 몫을 구하고 나머지를 구하면 됩니다. 진분수와 진분수의 나눗셈과 다른 점은 수막대를 그리기 전에 대분수를 가분수로 바꿔야 하고, 대분수인 피제수는 1이 넘으므로 수막대를 두 개 그려야 한다는 것입니다. 두 분수를 통분하여 나타내면 $\frac{3}{2} \div \frac{1}{3} = \frac{9}{6} \div \frac{2}{6}$ 가 됩니다. 피제수를 나타내는 선은 아홉 번째 칸 끝에 그립니다. 제수는 첫 번째 칸과 두 번째 칸을 색칠해 표시합니다. 피제수에 제수가 4번 들어가고 남은 칸은 1칸이므로 $\frac{1}{2}$ 이 나머지를 나타내는 분수입니다. 나눗셈 결과를 대분수로 나타내면 $\frac{3}{2} \div \frac{1}{3} = 4\frac{1}{2}$ 입니다.

$\frac{1}{6}$	$\frac{1}{6}$	$\frac{1}{6}$	$\frac{1}{6}$	$\frac{1}{6}$	$\frac{1}{6}$

$\frac{1}{6}$	$\frac{1}{6}$	$\frac{1}{6}$	$\frac{1}{6}$	$\frac{1}{6}$	$\frac{1}{6}$

배움 체크하기

오늘 우리가 함께 공부한 것을 혼자서도 할 수 있는지 체크해 봅시다. 혼자서도 할 수 있으면 👍, 선생님의 도움이 더 필요하다면 ❓에 동그라미로 표시하세요.

배움 체크 리스트	👍	❓
1. 자연수의 나눗셈을 할 수 있고 몫과 나머지의 의미를 이해합니다.		
2. 분모가 다른 분수를 통분하여 같은 분모를 가진 분수로 나타낼 수 있습니다.		
3. 수막대를 그려 진분수와 진분수의 나눗셈을 할 때는 먼저 크기 1을 나타내는 수막대를 두 분수의 공통분모만큼 등분한다는 것을 이해하고 적용할 수 있습니다.		
4. 등분된 수막대에 제수와 피제수를 표시하고 피제수에 제수가 몇 번 포함되는지를 세어 나눗셈의 몫을 구한다는 것을 이해하고 적용할 수 있습니다.		
5. 나눗셈의 나머지는 피제수 안에서 몫을 나타내는 부분을 제외한 남은 칸의 수와 제수를 나타내는 칸의 상대적인 크기를 분수로 나타낸다는 것을 이해하고 적용할 수 있습니다($\frac{남은\ 칸\ 수}{제수\ 칸\ 수}$).		
6. 분수 ÷ 분수의 계산 결과는 자연수나 대분수가 되는데, 나머지가 있는 경우는 대분수로 나타내며 대분수의 자연수 자리엔 몫을, 대분수의 분수 자리엔 나머지를 표시한다는 것을 이해하고 적용할 수 있습니다.		
7. 나눗셈 결과 몫이 0인 경우엔 몫의 자리를 비워 두고 나머지만 분수로 나타낸다는 것을 이해하고 적용할 수 있습니다.		

오늘 배운 것을 기억하면서 문제를 혼자 풀어 보는 시간입니다. 내비게이션 1.4 를 사용하면 도움이 됩니다.

Level 1
4차시

◆ 다음 문제를 수막대를 그려 풀어 보시오.

1. $5 \div 2$

2. $2 \div \dfrac{2}{3}$

3. $\dfrac{3}{4} \div \dfrac{1}{4}$

다음 소수를 분수로 나타내시오.

4. $\dfrac{3}{4} \div \dfrac{1}{2}$

5. $\dfrac{4}{5} \div \dfrac{1}{3}$

6. $\dfrac{1}{3} \div \dfrac{3}{4}$

7. $\dfrac{2}{5} \div \dfrac{2}{3}$

자연수와 분수의 나눗셈 – 역수 이용

사전평가(1~7)

◆ 다음 문제를 풀어 보시오.

1. $2 \times \dfrac{1}{4}$

2. $\dfrac{3}{2} \times \dfrac{1}{3}$

♦ 다음 문제를 분수의 역수를 이용하여 풀어 보시오.

3. $4 \div \dfrac{2}{3}$

4. $8 \div \dfrac{2}{7}$

5. $3 \div \dfrac{3}{4}$

6. $4 \div \dfrac{5}{3}$

7. $6 \div \dfrac{4}{5}$

✎ 다음을 계산하시오.

❶ $2 \div \dfrac{2}{3}$ 를 계산하시오.

1. 자연수를 분모가 1인 분수로 바꾸기

- 자연수 2는 분모가 1인 분수 $\dfrac{2}{1}$ 로 바꾼다.

$$\rightarrow 2 \div \dfrac{2}{3} = \dfrac{2}{1} \div \dfrac{2}{3}$$

2. 나눗셈 기호를 곱셈으로 바꾸고 제수의 역수를 곱하기

- $\dfrac{2}{3}$ 의 역수는 $\dfrac{3}{2}$ 이다.

$$\rightarrow 2 \div \dfrac{2}{3} = \dfrac{2}{1} \div \dfrac{2}{3} = \dfrac{2}{1} \times \dfrac{3}{2}$$

3. 분모는 분모끼리, 분자는 분자끼리 곱하고 기약분수로 약분하기

- 분모는 분모끼리, 분자는 분자끼리 곱한다.

$$\rightarrow 2 \div \dfrac{2}{3} = \dfrac{2}{1} \div \dfrac{2}{3} = \dfrac{2}{1} \times \dfrac{3}{2} = \dfrac{2 \times 3}{1 \times 2} = \dfrac{6}{2}$$

- 기약분수로 약분하려면 분자와 분모의 최대공약수로 분자와 분모를 나눈다. 6과 2의 최대공약수는 2이므로 2로 분자와 분모를 나눈다.

$$\rightarrow \dfrac{6}{2} = \dfrac{6 \div 2}{2 \div 2} = 3$$

$$\rightarrow 2 \div \dfrac{2}{3} = 3$$

❷ $15 \div \dfrac{6}{5}$ 을 계산하시오.

1. 자연수를 분모가 1인 분수로 바꾸기

- 자연수 15는 분모가 1인 분수 $\dfrac{15}{1}$ 로 바꾼다.

$$\rightarrow 15 \div \frac{6}{5} = \frac{15}{1} \div \frac{6}{5}$$

2. 나눗셈 기호를 곱셈으로 바꾸고 제수의 역수를 곱하기

- $\dfrac{6}{5}$ 의 역수는 $\dfrac{5}{6}$ 이다.

$$\rightarrow 15 \div \frac{6}{5} = \frac{15}{1} \div \frac{6}{5} = \frac{15}{1} \times \frac{5}{6}$$

3. 분모는 분모끼리, 분자는 분자끼리 곱하고 기약분수로 약분하기

- 분모는 분모끼리, 분자는 분자끼리 곱한다.

$$\rightarrow 15 \div \frac{6}{5} = \frac{15}{1} \div \frac{6}{5} = \frac{15}{1} \times \frac{5}{6} = \frac{15 \times 5}{1 \times 6} = \frac{75}{6}$$

- 기약분수로 약분하려면 분자와 분모의 최대공약수로 분자와 분모를 나눈다. 75와 6의 최대공약수는 3이므로 3으로 분자와 분모를 나눈다.

$$\rightarrow \frac{75}{6} = \frac{75 \div 3}{6 \div 3} = \frac{25}{2} = 12\frac{1}{2}$$

$$\rightarrow 15 \div \frac{6}{5} = 12\frac{1}{2}$$

❸ $6 \div \dfrac{2}{7}$ 를 계산하시오.

1. 자연수를 분모가 1인 분수로 바꾸기

- 자연수 6은 분모가 1인 분수 $\dfrac{6}{1}$ 으로 바꾼다.

$$\rightarrow 6 \div \frac{2}{7} = \frac{6}{1} \div \frac{2}{7}$$

Level 1
5차시

2. 나눗셈 기호를 곱셈으로 바꾸고 제수의 역수를 곱하기

- $\dfrac{2}{7}$ 의 역수는 $\dfrac{7}{2}$ 이다.

$$\rightarrow 6 \div \frac{2}{7} = \frac{6}{1} \div \frac{2}{7} = \frac{6}{1} \times \frac{7}{2}$$

3. 분모는 분모끼리, 분자는 분자끼리 곱하고 기약분수로 약분하기

- 분모는 분모끼리, 분자는 분자끼리 곱한다.

$$\rightarrow 6 \div \frac{2}{7} = \frac{6}{1} \div \frac{2}{7} = \frac{6}{1} \times \frac{7}{2} = \frac{6 \times 7}{1 \times 2} = \frac{42}{2}$$

- 기약분수로 약분하려면 분자와 분모의 최대공약수로 분자와 분모를 나눈다. 42와 2의 최대공약수는 2이므로 2로 분자와 분모를 나눈다.

$$\rightarrow \frac{42}{2} = \frac{42 \div 2}{2 \div 2} = \frac{21}{1} = 21$$

$$\rightarrow 6 \div \frac{2}{7} = 21$$

◆ 다음 나눗셈을 계산하시오(선생님과 문제를 푸는 동안 문제 풀이를 아래에 적어 보세요).

❶ $3 \div \dfrac{3}{4}$ 을 역수를 이용하여 계산하시오.

1. 자연수를 분모가 1인 분수로 바꾸기

2. 나눗셈 기호를 곱셈으로 바꾸고 제수의 역수를 곱하기

3. 분모는 분모끼리, 분자는 분자끼리 곱하고 기약분수로 약분하기

정답: _____

❷ $5 \div \dfrac{10}{3}$ 을 역수를 이용하여 계산하시오.

  1. 자연수를 분모가 1인 분수로 바꾸기

  2. 나눗셈 기호를 곱셈으로 바꾸고 제수의 역수를 곱하기

Level 1
5차시

  3. 분모는 분모끼리, 분자는 분자끼리 곱하고 기약분수로 약분하기

           정답: _____

❸ $14 \div \dfrac{7}{8}$ 을 역수를 이용하여 계산하시오.

  1. 자연수를 분모가 1인 분수로 바꾸기

2. 나눗셈 기호를 곱셈으로 바꾸고 제수의 역수를 곱하기

3. 분모는 분모끼리, 분자는 분자끼리 곱하고 기약분수로 약분하기

정답: _____

아 그렇구나! (1~2) ···

Level 1
5차시

① $3 \div \dfrac{7}{8}$ 을 계산할 때 혼동되는 점은 무엇입니까?

> 자연수를 분수로 바꾸고 나눗셈 기호를 곱셈 기호로 바꾼 후, 제수 대신 제수의 역수를 곱하면 주어진 식은 $3 \div \dfrac{7}{8} = \dfrac{3}{1} \div \dfrac{7}{8} = \dfrac{3}{1} \times \dfrac{8}{7}$ 이 됩니다. 분수의 곱셈식을 계산하면 $\dfrac{3}{1} \times \dfrac{8}{7} = \dfrac{3 \times 8}{1 \times 7} = \dfrac{24}{7}$ 가 되는데, 이때 7과 24는 공약수가 1밖에 없는 서로소입니다. 따라서 더 이상 약분할 수 없습니다. 답은 $\dfrac{24}{7} = 3\dfrac{3}{7}$ 입니다.

② $\dfrac{7}{8} \div 2$ 를 계산할 때 혼동되는 점은 무엇입니까?

> 지금까지 풀어 본 문제는 피제수가 자연수였는데, 주어진 문제는 제수가 자연수인 경우입니다. 이 문제도 자연수를 분수로 바꾸어 주고 나눗셈 기호를 곱셈 기호로 바꾼 후, 제수 대신 제수의 역수를 곱하여 계산할 수 있습니다. 주어진 식은 $\dfrac{7}{8} \div 2 = \dfrac{7}{8} \div \dfrac{2}{1} = \dfrac{7}{8} \times \dfrac{1}{2}$ 이 됩니다. 분수의 곱셈식을 계산하면 $\dfrac{7}{8} \times \dfrac{1}{2} = \dfrac{7 \times 1}{8 \times 2} = \dfrac{7}{16}$ 이 되는데, 이때 7과 16은 공약수가 1밖에 없는 서로소입니다. 따라서 더 이상 약분할 수 없습니다.

오늘 우리가 함께 공부한 것을 혼자서도 할 수 있는지 체크해 봅시다. 혼자서도 할 수 있으면 👍, 선생님의 도움이 더 필요하다면 ❓에 동그라미로 표시하세요.

배움 체크 리스트	👍	❓
1. 두 분수의 곱셈 방법을 이해하고 적용할 수 있습니다.		
2. 두 자연수의 최대공약수를 구하여 약분할 수 있습니다.		
3. 자연수를 분모가 1인 분수로 바꿀 수 있습니다.		
4. 자연수와 분수의 나눗셈을 할 때는 먼저 자연수를 분모가 1인 분수로 바꾼다는 것을 이해하고 적용할 수 있습니다.		
5. 자연수를 분수로 바꾼 후, 나눗셈 기호를 곱셈 기호로 바꾸고 제수인 분수의 역수를 곱한다는 것을 이해하고 적용할 수 있습니다.		
6. 분수끼리 곱셈한 후, 분모와 분자의 최대공약수로 분모와 분자를 약분하여 기약분수를 만드는 방법을 이해하고 적용할 수 있습니다.		
7. 분모와 분자의 공약수가 1뿐인 서로소일 때는 더 이상 약분할 수 없다는 것을 이해하고 적용할 수 있습니다.		

오늘 배운 것을 기억하면서 문제를 혼자 풀어 보는 시간입니다. 내비게이션 1.5 를 사용하면 도움이 됩니다.

🖊 다음을 계산하시오.

Level 1
5차시

1. $5 \times \dfrac{1}{2}$

2. $\dfrac{2}{3} \div \dfrac{5}{3}$

◆ 다음 문제를 분수의 역수를 이용하여 풀어 보시오.

3. $4 \div \dfrac{2}{3}$

4. $6 \div \dfrac{3}{7}$

5. $5 \div \dfrac{5}{4}$

6. $11 \div \dfrac{5}{3}$

7. $3 \div \dfrac{6}{5}$

6차시

분수와 분수의 나눗셈 – 역수 이용

사전평가(1~7) ·····································

✎ 다음을 계산하시오.

1. $3 \times \dfrac{6}{5}$

2. $\dfrac{7}{4} \times \dfrac{12}{5}$

♦ 다음 나눗셈을 분수의 역수를 이용하여 계산하시오.

3. $\dfrac{5}{6} \div \dfrac{4}{3}$

4. $\dfrac{1}{6} \div \dfrac{4}{7}$

5. $7\dfrac{4}{5} \div \dfrac{3}{5}$

6. $6\dfrac{1}{2} \div \dfrac{3}{4}$

7. $3\dfrac{1}{8} \div 2\dfrac{2}{5}$

◆ 다음을 분수의 역수를 이용하여 계산하시오.

1 $\dfrac{4}{15} \div \dfrac{2}{3}$ 를 계산하시오.

1. 대분수가 있는 경우, 가분수로 바꾸기

- 주어진 나눗셈식에 포함된 분수는 둘 다 진분수이다.

$$\rightarrow \dfrac{4}{15} \div \dfrac{2}{3}$$

2. 나눗셈 기호를 곱셈으로 바꾸고 제수의 역수를 곱하기

- 제수인 $\dfrac{2}{3}$ 의 역수는 $\dfrac{3}{2}$ 이다.

$$\rightarrow \dfrac{4}{15} \div \dfrac{2}{3} = \dfrac{4}{15} \times \dfrac{3}{2}$$

3. 분모는 분모끼리, 분자는 분자끼리 곱하고 기약분수가 되도록 약분하기

- 분수의 곱셈을 한다.

$$\rightarrow \dfrac{4}{15} \div \dfrac{2}{3} = \dfrac{4}{15} \times \dfrac{3}{2} = \dfrac{4 \times 3}{15 \times 2} = \dfrac{12}{30}$$

- 기약분수로 약분하려면 분자와 분모의 최대공약수로 분자와 분모를 나

눈다. 12와 30의 최대공약수는 6이므로 6으로 분자와 분모를 약분한다.

$$\rightarrow \dfrac{12}{30} = \dfrac{12 \div 6}{30 \div 6} = \dfrac{2}{5}$$

$$\rightarrow \dfrac{4}{15} \div \dfrac{2}{3} = \dfrac{2}{5}$$

❷ $2\frac{7}{10} \div \frac{6}{5}$을 계산하시오.

1. 대분수가 있는 경우, 가분수로 바꾸기

- 피제수인 $2\frac{7}{10}$이 대분수이므로 가분수로 바꾼다.

$$\rightarrow 2\frac{7}{10} \div \frac{6}{5} = \frac{(2 \times 10) + 7}{10} \div \frac{6}{5} = \frac{27}{10} \div \frac{6}{5}$$

2. 나눗셈 기호를 곱셈으로 바꾸고 제수의 역수를 곱하기

- 제수인 $\frac{6}{5}$의 역수는 $\frac{5}{6}$이다.

$$\rightarrow 2\frac{7}{10} \div \frac{6}{5} = \frac{27}{10} \div \frac{6}{5} = \frac{27}{10} \times \frac{5}{6}$$

3. 분모는 분모끼리, 분자는 분자끼리 곱하고 기약분수가 되도록 약분하기

- 분모는 분모끼리 분자는 분자끼리 곱한다.

$$\rightarrow 2\frac{7}{10} \div \frac{6}{5} = \frac{27}{10} \div \frac{6}{5} = \frac{27}{10} \times \frac{5}{6} = \frac{27 \times 5}{10 \times 6} = \frac{135}{60}$$

- 기약분수로 약분하려면 분자와 분모의 최대공약수로 분자와 분모를 나눈다. 135과 60의 최대공약수는 15이므로 15로 분자와 분모를 나눈다.

$$\rightarrow \frac{135}{60} = \frac{135 \div 15}{60 \div 15} = \frac{9}{4} = 2\frac{1}{4}$$

$$\rightarrow 2\frac{7}{10} \div \frac{6}{5} = 2\frac{1}{4}$$

❸ $2\dfrac{7}{14} \div 1\dfrac{2}{7}$ 를 계산하시오.

1. 대분수가 있는 경우, 대분수를 가분수로 바꾸기

- 피제수인 $2\dfrac{7}{14}$과 제수인 $1\dfrac{2}{7}$ 둘 다 대분수이므로 가분수로 바꾼다.

$$\rightarrow 2\frac{7}{14} \div 1\frac{2}{7} = \frac{(2 \times 14) + 7}{14} \div \frac{(1 \times 7) + 2}{7} = \frac{35}{14} \div \frac{9}{7}$$

2. 나눗셈 기호를 곱셈으로 바꾸고 제수의 역수를 곱하기

- 제수인 $\dfrac{9}{7}$의 역수는 $\dfrac{7}{9}$이다.

$$\rightarrow 2\frac{7}{14} \div 1\frac{2}{7} = \frac{35}{14} \div \frac{9}{7} = \frac{35}{14} \times \frac{7}{9}$$

3. 분모는 분모끼리, 분자는 분자끼리 곱하고 기약분수가 되도록 약분하기

- 분모는 분모끼리, 분자는 분자끼리 곱한다.

$$\rightarrow 2\frac{7}{14} \div 1\frac{2}{7} = \frac{35}{14} \div \frac{9}{7} = \frac{35}{14} \times \frac{7}{9} = \frac{35 \times 7}{14 \times 9} = \frac{245}{126}$$

- 기약분수로 약분하려면 분자와 분모의 최대공약수로 분자와 분모를 나눈다. 245와 126의 최대공약수는 7이므로 7로 분자와 분모를 나눈다.

$$\rightarrow \frac{245}{126} = \frac{245 \div 7}{126 \div 7} = \frac{35}{18} = 1\frac{17}{18}$$

$$\rightarrow 2\frac{7}{14} \div 1\frac{2}{7} = 1\frac{17}{18}$$

◆ 다음 나눗셈을 계산하시오(선생님과 문제를 푸는 동안 문제 풀이를 아래에 적어 보세요).

1 $\dfrac{9}{8} \div \dfrac{3}{4}$ 을 역수를 이용하여 계산하시오.

  1. 대분수가 있는 경우, 대분수를 가분수로 바꾸기

  2. 나눗셈 기호를 곱셈으로 바꾸고 제수의 역수를 곱하기

  3. 분모는 분모끼리, 분자는 분자끼리 곱하고 기약분수가 되도록 약분하기

정답: _____

❷ $1\frac{5}{6} \div \frac{10}{3}$을 역수를 이용하여 계산하시오.

1. 대분수가 있는 경우, 대분수를 가분수로 바꾸기

2. 나눗셈 기호를 곱셈으로 바꾸고 제수의 역수를 곱하기

Level 1
6차시

3. 분모는 분모끼리, 분자는 분자끼리 곱하고 기약분수가 되도록 약분하기

정답: _____

❸ $5\frac{5}{6} \div 1\frac{7}{8}$을 역수를 이용하여 계산하시오.

1. 대분수가 있는 경우, 대분수를 가분수로 바꾸기

2. 나눗셈 기호를 곱셈으로 바꾸고 제수의 역수를 곱하기

3. 분모는 분모끼리, 분자는 분자끼리 곱하고 기약분수가 되도록 약분하기

정답: _____

Level 1
6차시

❶ $\frac{3}{5} \div 1\frac{3}{8}$을 계산할 때 혼동되는 점은 무엇입니까?

대분수 $1\frac{3}{8}$을 가분수 $\frac{11}{8}$로 바꾸고 나눗셈 기호를 곱셈 기호로 바꾼 후, 제수 대신 제수의 역수를 곱하면 주어진 식은 $\frac{3}{5} \div 1\frac{3}{8} = \frac{3}{5} \div \frac{11}{8} = \frac{3}{5} \times \frac{8}{11}$이 됩니다. 분수의 곱셈식을 계산하면 $\frac{3}{5} \times \frac{8}{11} = \frac{3 \times 8}{5 \times 11} = \frac{24}{55}$가 되는데, 이때 24와 55는 각각 약수는 여러 개이지만 공약수는 1밖에 없는 서로소입니다. 따라서 더 이상 약분할 수 없습니다. 답은 $\frac{24}{55}$입니다.

오늘 우리가 함께 공부한 것을 혼자서도 할 수 있는지 체크해 봅시다. 혼자서도 할 수 있으면 👍, 선생님의 도움이 더 필요하다면 ❓에 동그라미로 표시하세요.

배움 체크 리스트	👍	❓
1. 두 분수의 곱셈 방법을 이해하고 적용할 수 있습니다.		
2. 두 자연수의 최대공약수를 구하여 약분할 수 있습니다.		
3. 대분수를 가분수로 바꿀 수 있습니다.		
4. 분수와 분수의 나눗셈을 할 때는 먼저 대분수는 가분수로 바꾼다는 것을 이해하고 적용할 수 있습니다.		
5. 대분수를 가분수로 바꾼 후, 나눗셈 기호를 곱셈 기호로 바꾸고 제수인 분수의 역수를 곱한다는 것을 이해하고 적용할 수 있습니다.		
6. 분수끼리 곱셈한 후, 분모와 분자의 최대공약수로 분모와 분자를 약분하여 기약분수를 만드는 방법을 이해하고 적용할 수 있습니다.		
7. 분모와 분자의 공약수가 1뿐인 서로소일 때는 더 이상 약분할 수 없다는 것을 이해하고 적용할 수 있습니다.		

오늘 배운 것을 기억하면서 문제를 혼자 풀어 보는 시간입니다. 내비게이션 1.6 을 사용하면 도움이 됩니다.

✏️ 다음을 계산하시오.

Level 1
6차시

1. $3 \times \dfrac{5}{6}$

2. $\dfrac{7}{4} \times \dfrac{1}{2}$

◆ 다음 나눗셈을 분수의 역수를 이용하여 계산하시오.

3. $\dfrac{5}{6} \div \dfrac{4}{3}$

4. $\dfrac{1}{6} \div \dfrac{4}{7}$

5. $7\dfrac{4}{5} \div \dfrac{3}{5}$

6. $6\dfrac{1}{2} \div \dfrac{3}{4}$

7. $3\dfrac{1}{8} \div 2\dfrac{2}{5}$

소수점의 위치가 같은 소수의 나눗셈 - 분수 이용

사전평가(1~7)

✎ 다음을 계산하시오.

1. $36 \div 9$

2. 2.04×10^3

◆ 다음 나눗셈을 분수의 나눗셈을 이용하여 계산하시오.

3. $5.4 \div 0.9$

4. $5.7 \div 0.3$

5. $3.68 \div 0.46$

6. $7.82 \div 0.34$

7. $12.1 \div 1.1$

✏️ 다음 소수의 나눗셈을 분수의 나눗셈을 이용하여 계산하시오.

① 7.2 ÷ 0.9를 계산하시오.

  1. 소수를 분모가 1인 분수로 바꾸기

    ● 소수 7.2를 분모가 1인 분수로 바꾸면 $\dfrac{7.2}{1}$ 이다.

    ● 소수 0.9를 분모가 1인 분수로 바꾸면 $\dfrac{0.9}{1}$ 이다.

Level 1
7차시

  2. 분모와 분자에 두 소수의 소수점 아래 자릿수의 개수만큼 10을 곱한 수
를 곱하기

    ● 두 소수의 소수점 아래 자릿수는 한 자릿수이므로 10을 한 번 곱한 값,
$10^1 = 10$을 분모와 분자에 곱한다.

$$\rightarrow 7.2 = \frac{7.2}{1} = \frac{7.2 \times 10}{1 \times 10} = \frac{72}{10}$$

$$\rightarrow 0.9 = \frac{0.9}{1} = \frac{0.9 \times 10}{1 \times 10} = \frac{9}{10}$$

  3. 분수의 나눗셈을 계산하기

    ● 곱셈 기호를 나눗셈으로 바꾸고 제수의 역수를 곱한다.

$$\rightarrow 7.2 \div 0.9 = \frac{72}{10} \div \frac{9}{10} = \frac{72}{10} \times \frac{10}{9}$$

- 분모는 분모끼리, 분자는 분자끼리 곱한다.

$$\rightarrow \frac{72}{10} \times \frac{10}{9} = \frac{72 \times 10}{10 \times 9} = \frac{720}{90}$$

- 분모와 분자를 최대공약수로 나눠 기약분수로 만든다. 720과 90의 최대
공약수는 90이므로 90으로 나눈다. 분모와 분자의 최대공약수를 모를 때
는 분모와 분자가 더 이상 약분되지 않을 때까지 공통약수로 약분한다.

$$\rightarrow \frac{720}{90} = \frac{720 \div 90}{90 \div 90} = \frac{8}{1} = 8$$

$$\rightarrow 7.2 \div 0.9 = 8$$

② $28.9 \div 1.7$을 계산하시오.

1. 소수를 분모가 1인 분수로 바꾸기

- 소수 28.9를 분모가 1인 분수로 바꾸면 $\dfrac{28.9}{1}$이다.

- 소수 1.7을 분모가 1인 분수로 바꾸면 $\dfrac{1.7}{1}$이다.

2. 분모와 분자에 두 소수의 소수점 아래 자릿수의 개수만큼 10을 곱한 수
를 곱하기

- 두 소수의 소수점 아래 자릿수는 한 자릿수이므로 10을 한 번 곱한 값,
$10^1 = 10$을 분모와 분자에 곱한다.

$$\rightarrow 28.9 = \frac{28.9}{1} = \frac{28.9 \times 10}{1 \times 10} = \frac{289}{10}$$

$$\rightarrow 1.7 = \frac{1.7}{1} = \frac{1.7 \times 10}{1 \times 10} = \frac{17}{10}$$

3. 분수의 나눗셈을 계산하기

- 곱셈 기호를 나눗셈으로 바꾸고 제수의 역수를 곱한다.

$$\rightarrow 28.9 \div 1.7 = \frac{289}{10} \div \frac{17}{10} = \frac{289}{10} \times \frac{10}{17}$$

- 분모는 분모끼리, 분자는 분자끼리 곱한다.

$$\rightarrow \frac{289}{10} \times \frac{10}{17} = \frac{289 \times 10}{10 \times 17} = \frac{2890}{170}$$

- 분모와 분자를 최대공약수로 나눠 기약분수로 만든다. 2890과 170의 최대공약수는 170이므로 170으로 나눈다. 분모와 분자의 최대공약수를 모를 때는 분모와 분자가 더 이상 약분되지 않을 때까지 공통약수로 약분한다.

$$\rightarrow \frac{2890}{170} = \frac{2890 \div 170}{170 \div 170} = \frac{17}{1} = 17$$

$$\rightarrow 28.9 \div 1.7 = 17$$

Level 1
7차시

❸ 1.68 ÷ 0.24를 계산하시오.

1. 소수를 분모가 1인 분수로 바꾸기

- 소수 1.68을 분모가 1인 분수로 바꾸면 $\frac{1.68}{1}$ 이다.

- 소수 0.24를 분모가 1인 분수로 바꾸면 $\dfrac{0.24}{1}$이다.

2. 분모와 분자에 두 소수의 소수점 아래 자릿수의 개수만큼 10을 곱한 수를 곱하기

- 두 소수의 소수점 아래 자릿수는 2이므로 10을 두 번 곱한 값, $10^2 = 100$을 분모와 분자에 곱한다.

$$\rightarrow 1.68 = \frac{1.68}{1} = \frac{1.68 \times 100}{1 \times 100} = \frac{168}{100}$$

$$\rightarrow 0.24 = \frac{0.24}{1} = \frac{0.24 \times 100}{1 \times 100} = \frac{24}{100}$$

3. 분수의 나눗셈을 계산하기

- 곱셈 기호를 나눗셈으로 바꾸고 제수의 역수를 곱한다.

$$\rightarrow 1.68 \div 0.24 = \frac{168}{100} \div \frac{24}{100} = \frac{168}{100} \times \frac{100}{24}$$

- 분모는 분모끼리, 분자는 분자끼리 곱한다.

$$\rightarrow \frac{168}{100} \times \frac{100}{24} = \frac{168 \times 100}{100 \times 24} = \frac{16800}{2400}$$

- 분모와 분자를 최대공약수로 나눠 기약분수로 만든다. 16800과 2400의 최대공약수는 2400이므로 2400으로 나눈다. 분모와 분자의 최대공약수를 모를 때는 분모와 분자가 더 이상 약분되지 않을 때까지 공통약수로 약분한다.

$$\rightarrow \frac{16800}{2400} = \frac{16800 \div 2400}{2400 \div 2400} = \frac{7}{1} = 7$$

$$\rightarrow 1.68 \div 0.24 = 7$$

✎ 다음 나눗셈을 분수의 나눗셈을 이용하여 계산하시오(선생님과 문제를 푸는 동안 문제 풀이를 아래에 적어 보세요).

① 22.4 ÷ 3.2를 계산하시오.

   1. 소수를 분모가 1인 분수로 바꾸기

Level 1
7차시

   2. 분모와 분자에 두 소수의 소수점 아래 자릿수의 개수만큼 10을 곱한 수를 곱하기

   3. 분수의 나눗셈을 계산하기
     ● 곱셈 기호를 나눗셈으로 바꾸고 제수의 역수를 곱하기

     ● 분모는 분모끼리, 분자는 분자끼리 곱하기

     ● 분모와 분자를 최대공약수로 나눠 기약분수로 만들기

                   정답: ＿＿＿＿＿＿＿＿＿＿＿

❷ 7.82 ÷ 0.34를 계산하시오.

1. 소수를 분모가 1인 분수로 바꾸기

2. 분모와 분자에 두 소수의 소수점 아래 자릿수의 개수만큼 10을 곱한 수를 곱하기

3. 분수의 나눗셈을 계산하기
- 곱셈 기호를 나눗셈으로 바꾸고 제수의 역수를 곱하기

- 분모는 분모끼리, 분자는 분자끼리 곱하기

- 분모와 분자를 최대공약수로 나눠 기약분수로 만들기

정답: _____

❸ 7.92 ÷ 0.66을 계산하시오.

1. 소수를 분모가 1인 분수로 바꾸기

2. 분모와 분자에 두 소수의 소수점 아래 자릿수의 개수만큼 10을 곱한 수를 곱하기

Level 1

7차시

3. 분수의 나눗셈을 계산하기
- 곱셈 기호를 나눗셈으로 바꾸고 제수의 역수를 곱하기

- 분모는 분모끼리, 분자는 분자끼리 곱하기

- 분모와 분자를 최대공약수로 나눠 기약분수로 만들기

정답: _____

아 그렇구나! (1) ···

1 1.960 ÷ 0.007을 계산할 때 혼동되는 점은 무엇입니까?

1.960과 0.007은 10의 세제곱($10^3 = 1000$)을 곱하면 자연수가 되는 소수들입니다. 소수점 아래 마지막 자리에 0이 있는 경우 0이 없는 값과 같다고 배웠기 때문에(예: 1.960 = 1.96) 이 문제를 소수점의 위치가 다른 두 소수의 나눗셈으로 보고 혼동스러워할 수 있습니다. 1.960은 1.96과 같지만 이 문제를 풀 때는 0.007과 동일한 위치에 소수점이 있는 문제로 파악하는 것이 실수 없이 문제를 푸는 데 도움이 됩니다. 즉, $1.960 = \dfrac{1960}{1000}$, $0.007 = \dfrac{7}{1000}$로 바꿀 수 있습니다.

$\dfrac{1960}{1000} \div \dfrac{7}{1000} = \dfrac{1960}{1000} \times \dfrac{1000}{7}$이 됩니다. 1000끼리 약분하면 $\dfrac{1960}{7}$이 되고, 분모와 분자를 7로 나누면 280이 정답입니다.

오늘 우리가 함께 공부한 것을 혼자서도 할 수 있는지 체크해 봅시다. 혼자서도 할 수 있으면 👍, 선생님의 도움이 더 필요하다면 ❓에 동그라미로 표시하세요.

배움 체크 리스트	👍	❓
1. 두 분수의 곱셈 방법을 이해하고 적용할 수 있습니다.		
2. 두 자연수의 최대공약수를 구하여 약분할 수 있습니다.		
3. 소수를 10의 거듭제곱수가 분모인 분수로 바꿀 수 있습니다.		
4. 소수점의 위치가 같은 소수들을 나눗셈할 때는 먼저 소수를 분모가 10의 거듭제곱 꼴인 분수로 바꿔야 한다는 것을 이해하고 적용할 수 있습니다.		
5. 소수를 분수로 바꾼 후, 나눗셈 기호를 곱셈 기호로 바꾸고 제수인 분수의 역수를 곱한다는 것을 이해하고 적용할 수 있습니다.		
6. 분수끼리 곱셈한 후, 분모와 분자의 최대공약수로 분모와 분자를 약분하여 기약분수로 만드는 방법을 이해하고 적용할 수 있습니다.		
7. 분모와 분자의 공약수가 1뿐인 서로소일 때는 더 이상 약분할 수 없다는 것을 이해하고 적용할 수 있습니다.		

Level 1
7차시

오늘 배운 것을 기억하면서 문제를 혼자 풀어 보는 시간입니다. 내비게이션 1.7 을 사용하면 도움이 됩니다.

✏️ 다음을 계산하시오.

1. $143 \div 13$

2. 2.04×10^3

✎ 다음 나눗셈을 분수의 나눗셈을 이용하여 계산하시오.

3. $5.4 \div 0.9$

4. $5.7 \div 0.3$

5. $3.68 \div 0.46$

6. $7.82 \div 0.34$

7. $0.540 \div 0.009$

소수점의 위치가 다른 소수의 나눗셈 – 분수 이용

사전평가(1~7)

✎ 다음을 계산하시오.

1. $391 \div 17$

2. 3.05×10^3

◆ 다음 나눗셈을 분수의 나눗셈을 이용하여 계산하시오.

3. $19.98 \div 5.4$

4. $10.92 \div 8.4$

5. $49.64 \div 7.3$

6. $14 \div 3.5$

7. $12.1 \div 0.11$

◆ 다음 소수의 나눗셈을 분수의 나눗셈을 이용하여 계산하시오.

① 7.2 ÷ 0.09를 계산하시오.

1. 먼저, 소수를 분모가 1인 분수로 바꾸기

- 소수 7.2를 분모가 1인 분수로 바꾸면 $\dfrac{7.2}{1}$ 이다.

- 소수 0.09를 분모가 1인 분수로 바꾸면 $\dfrac{0.09}{1}$ 이다.

Level 1

8차시

2. 두 소수 중 소수점 아래 자릿수가 더 많은 소수를 확인하기

- 소수 7.2는 소수점 아래 자릿수가 한 자리이지만 소수 0.09는 소수점 아래 자릿수가 두 자리이다. 소수점 아래 자릿수가 많은 소수는 0.09이다.

3. 각 분수의 분모와 분자에 그 소수(둘 중 소수점 아래 자릿수가 많은 소수)의 소수점 아래 자릿수 개수만큼 10을 제곱한 수를 곱하기

- 0.09의 소수점 아래 자릿수는 두 자리이므로 10을 두 번 곱한 값, $10^2 =$ 100을 분모와 분자에 곱한다.

$$\rightarrow 7.2 = \frac{7.2}{1} = \frac{7.2 \times 100}{1 \times 100} = \frac{720}{100}$$

$$\rightarrow 0.09 = \frac{0.09}{1} = \frac{0.09 \times 100}{1 \times 100} = \frac{9}{100}$$

4. 분수의 나눗셈을 계산하기

- 나눗셈 기호를 곱셈으로 바꾸고 제수의 역수를 곱한다.

$$\rightarrow 7.2 \div 0.09 = \frac{720}{100} \div \frac{9}{100} = \frac{720}{100} \times \frac{100}{9}$$

- 분모는 분모끼리, 분자는 분자끼리 곱한다.

$$\rightarrow \frac{720}{100} \times \frac{100}{9} = \frac{720 \times 100}{100 \times 9} = \frac{72000}{900}$$

- 분모와 분자를 최대공약수로 나눠 기약분수로 만든다. 72000과 900의 최대공약수는 900이므로 900으로 나눈다. 분모와 분자의 최대공약수를 모를 때는 분모와 분자가 더 이상 약분되지 않을 때까지 공통약수로 약분한다.

$$\rightarrow \frac{72000}{900} = \frac{72000 \div 900}{900 \div 900} = \frac{80}{1} = 80$$

$$\rightarrow 7.2 \div 0.09 = 80$$

❷ $28.9 \div 0.17$을 계산하시오.

1. 소수를 분모가 1인 분수로 바꾸기

- 소수 28.9를 분모가 1인 분수로 바꾸면 $\frac{28.9}{1}$이다.

- 소수 0.17을 분모가 1인 분수로 바꾸면 $\frac{0.17}{1}$이다.

2. 두 소수 중 소수점 아래 자릿수가 더 많은 소수를 확인하기

- 28.9의 소수점 아래 자릿수는 한 자리이고, 0.17의 소수점 아래 자릿수는 두 자리이므로 0.17의 소수점 아래 자릿수가 더 많다.

3. 각 분수의 분모와 분자에 그 소수(둘 중 소수점 아래 자릿수가 많은 소수)의 소수점 아래 자릿수 개수만큼 10을 제곱한 수를 곱하기

- 0.17의 소수점 아래 자릿수는 두 자리이므로 10을 두 번 곱한 값, $10^2 = 100$을 분모와 분자에 곱한다.

$$\rightarrow 28.9 = \frac{28.9}{1} = \frac{28.9 \times 100}{1 \times 100} = \frac{2890}{100}$$

$$\rightarrow 0.17 = \frac{0.17}{1} = \frac{0.17 \times 100}{1 \times 100} = \frac{17}{100}$$

Level 1
8차시

4. 분수의 나눗셈을 계산하기

- 나눗셈 기호를 곱셈으로 바꾸고 제수의 역수를 곱한다.

$$\rightarrow 28.9 \div 0.17 = \frac{2890}{100} \div \frac{17}{100} = \frac{2890}{100} \times \frac{100}{17}$$

- 분모는 분모끼리, 분자는 분자끼리 곱한다.

$$\rightarrow \frac{2890}{100} \times \frac{100}{17} = \frac{2890 \times 100}{100 \times 17} = \frac{289000}{1700}$$

- 분모와 분자를 최대공약수로 나눠 기약분수로 만든다. 289000과 1700의 최대공약수는 1700이므로 1700으로 나눈다. 분모와 분자의 최대공약수를 모를 때는 분모와 분자가 더 이상 약분되지 않을 때까지 공통약수로 약분한다.

$$\rightarrow \frac{289000}{1700} = \frac{289000 \div 1700}{1700 \div 1700} = \frac{170}{1} = 170$$

$$\rightarrow 28.9 \div 0.17 = 170$$

③ 1.68 ÷ 2.4를 계산하시오.

1. 소수를 분모가 1인 분수로 바꾸기

- 소수 1.68을 분모가 1인 분수로 바꾸면 $\frac{1.68}{1}$ 이다.

- 소수 2.4를 분모가 1인 분수로 바꾸면 $\frac{2.4}{1}$ 이다.

2. 두 소수 중 소수점 아래 자릿수가 더 많은 소수를 확인하기

- 소수 1.68은 소수점 아래 자릿수가 두 자리이고, 2.4는 소수점 아래 자릿수가 한 자리이다. 1.68이 소수점 아래 자릿수가 더 많은 소수이다.

3. 각 분수의 분모와 분자에 그 소수(둘 중 소수점 아래 자릿수가 많은 소수)의 소수점 아래 자릿수 개수만큼 10을 제곱한 수를 곱하기

- 1.68의 소수점 아래 자릿수는 2이므로 10을 두 번 제곱한 값, $10^2 = 100$ 을 각 분수의 분모와 분자에 곱한다.

$$\rightarrow 1.68 = \frac{1.68}{1} = \frac{1.68 \times 100}{1 \times 100} = \frac{168}{100}$$

$$\rightarrow 2.4 = \frac{2.4}{1} = \frac{2.4 \times 100}{1 \times 100} = \frac{240}{100}$$

4. 분수의 나눗셈을 계산하기

- 나눗셈 기호를 곱셈으로 바꾸고 제수의 역수를 곱한다.

$$\rightarrow 1.68 \div 2.4 = \frac{168}{100} \div \frac{240}{100} = \frac{168}{100} \times \frac{100}{240}$$

- 분모는 분모끼리, 분자는 분자끼리 곱한다.

$$\rightarrow \frac{168}{100} \times \frac{100}{240} = \frac{168 \times 100}{100 \times 240} = \frac{16800}{24000}$$

- 분모와 분자를 최대공약수로 나눠 기약분수로 만든다. 16800과 24000의 최대공약수는 2400이므로 2400으로 나눈다. 분모와 분자의 최대공약수를 모를 때는 분모와 분자가 더 이상 약분되지 않을 때까지 공통약수로 약분한다.

$$\rightarrow \frac{16800}{24000} = \frac{16800 \div 2400}{24000 \div 2400} = \frac{7}{10}$$

$$\rightarrow 1.68 \div 2.4 = \frac{7}{10} = 0.7$$

Level 1

8차시

◆ 다음 나눗셈을 분수의 나눗셈을 이용하여 계산하시오(선생님과 문제를 푸는 동안 문제 풀이를 아래에 적어 보세요).

① $22.4 \div 0.32$를 계산하시오.

1. 소수를 분모가 1인 분수로 바꾸기

2. 소수점 아래 자릿수가 더 많은 소수를 확인하기

3. 각 분수의 분모와 분자에 그 소수(둘 중 소수점 아래 자릿수가 많은 소수)의 소수점 아래 자릿수 개수만큼 10을 제곱한 수를 곱하기

4. 분수의 나눗셈을 계산하기
   ● 나눗셈 기호를 곱셈으로 바꾸고 제수의 역수를 곱한다.

5. 기약분수 만들기
   ● 분모는 분모끼리, 분자는 분자끼리 곱한다.

   ● 분모와 분자를 최대공약수로 나눠 기약분수로 만든다.

정답: _____

2 7.82 ÷ 0.034를 계산하시오.

1. 소수를 분모가 1인 분수로 바꾸기

2. 소수점 아래 자릿수가 더 많은 소수를 확인하기

3. 각 분수의 분모와 분자에 그 소수(둘 중 소수점 아래 자릿수가 많은 소수)의 소수점 아래 자릿수 개수만큼 10을 제곱한 수를 곱하기

4. 분수의 나눗셈을 계산하기
   ● 나눗셈 기호를 곱셈으로 바꾸고 제수의 역수를 곱한다.

5. 기약분수 만들기
   ● 분모는 분모끼리, 분자는 분자끼리 곱한다.

   ● 분모와 분자를 최대공약수로 나눠 기약분수로 만든다.

정답: _____

❸ 0.792 ÷ 0.66을 계산하시오.

1. 소수를 분모가 1인 분수로 바꾸기

2. 소수점 아래 자릿수가 더 많은 소수를 확인하기

3. 각 분수의 분모와 분자에 그 소수(둘 중 소수점 아래 자릿수가 많은 소수)의 소수점 아래 자릿수 개수만큼 10을 제곱한 수를 곱하기

4. 분수의 나눗셈을 계산하기
- 나눗셈 기호를 곱셈으로 바꾸고 제수의 역수를 곱한다.

5. 기약분수 만들기
- 분모는 분모끼리, 분자는 분자끼리 곱한다.

- 분모와 분자를 최대공약수로 나눠 기약분수로 만든다.

정답: _____

1 1.2 ÷ 0.002를 계산할 때 혼동되는 점은 무엇입니까?

1.2와 0.002를 분모가 1인 분수를 만든 후, 10의 세제곱($10^3 = 1000$)을 분모와 분자에 곱하면 두 소수는 각각 $1.2 = \dfrac{1200}{1000}$이 되고 $0.002 = \dfrac{2}{1000}$가 됩니다. 두 분수의 분자값이 차이가 많이 나므로 0.002를 $\dfrac{20}{1000}$이나 $\dfrac{200}{1000}$이라 생각하는 경우가 있습니다. 또는 나눗셈에 포함된 소수는 그 크기가 작은 데 비해 나눗셈의 몫이 600이 되므로 당황스러워하는 경우가 있습니다. 자연수의 나눗셈에서는 나눗셈의 결과가 피제수보다 작지만 분수나 소수의 나눗셈의 결과는 피제수보다 클 수도 있습니다.

$1.2 = \dfrac{1200}{1000}$, $0.002 = \dfrac{2}{1000}$로 바꾼 후 나눗셈을 계산하면,

$\dfrac{1200}{1000} \div \dfrac{2}{1000} = \dfrac{1200}{1000} \times \dfrac{1000}{2} = \dfrac{1200}{2} = 600$이 됩니다.

2 3 ÷ 0.02를 계산할 때 혼동되는 점은 무엇입니까?

주어진 문제는 자연수 3을 소수 0.02로 나누는 문제입니다. 소수의 나눗셈에서 자연수가 나오면 소수점이 없으므로 당황하는 경우가 있습니다. 자연수 3은 소수 3.0으로 바꿀 수 있습니다. 3.0을 0.02로 나누기 위해 먼저 두 소수를 분모가 1인 분수로 바꾼 후, 100을 각 분수의 분모와 분자에 곱해 $\dfrac{300}{100} \div \dfrac{2}{100}$를 계산합니다. 답은 150입니다.

 오늘 우리가 함께 공부한 것을 혼자서도 할 수 있는지 체크해 봅시다. 혼자서도 할 수 있으면 👍, 선생님의 도움이 더 필요하다면 ❓에 동그라미로 표시하세요.

배움 체크 리스트	👍	❓
1. 두 분수의 곱셈 방법을 이해하고 적용할 수 있습니다.		
2. 두 자연수의 최대공약수를 구하여 약분할 수 있습니다.		
3. 소수점의 위치가 다른 소수들을 나눗셈할 때는 소수를 분모가 1인 분수로 만든 후, 10의 거듭제곱수를 분모와 분자에 곱한 후에 나눗셈한다는 것을 이해하고 적용할 수 있습니다.		
4. 분모와 분자에 곱해질 10의 거듭제곱수는 두 소수 중 소수점 아래 자릿수가 많은 소수를 결정하고 그 소수의 소수점 아래 자릿수만큼 10을 거듭제곱하여 만든다는 것을 이해하고 적용할 수 있습니다.		
5. 소수를 분수로 바꾼 후, 나눗셈 기호를 곱셈 기호로 바꾸고 제수인 분수의 역수를 곱한다는 것을 이해하고 적용할 수 있습니다.		
6. 분수끼리 곱셈한 후, 분모와 분자의 최대공약수로 분모와 분자를 약분하여 기약분수로 만드는 방법을 이해하고 적용할 수 있습니다.		
7. 분모와 분자의 공약수가 1뿐인 서로소일 때는 더 이상 약분할 수 없다는 것을 이해하고 적용할 수 있습니다.		

오늘 배운 것을 기억하면서 문제를 혼자 풀어 보는 시간입니다. 내비게이션 1.8 을 사용하면 도움이 됩니다.

✏️ 다음을 계산하시오.

1. $391 \div 17$

Level 1
8차시

2. 3.05×10^3

✒ 다음 나눗셈을 분수의 나눗셈을 이용하여 계산하시오.

3. $19.98 \div 5.4$

4. $10.92 \div 8.4$

5. $49.64 \div 7.3$

6. $14 \div 3.5$

7. $12.1 \div 0.11$

사전평가(1~7)

✎ 다음 문제를 풀어 보시오.

1. $3910 \div 170$

2. 3.005×10^3

♦ 다음 문제를 세로셈 방법을 사용하여 풀어 보시오.

3. $199.8 \div 5.4$

4. $1.092 \div 0.84$

5. $49.64 \div 0.73$

6. $14 \div 3.5$

7. $1.21 \div 0.011$

✎ 세로셈 방법을 이용하여 다음 소수의 나눗셈을 계산하시오.

① 29.88 ÷ 0.36을 계산하시오.

1. 피제수를 나눗셈의 세로셈 기호 안쪽에 쓰고 제수를 왼쪽 밖에 쓰기
   - 피제수인 29.88을 안쪽에, 제수 0.36을 바깥에 쓴다.

$$\to 0.36 \overline{)29.88}$$

2. 제수의 소수점을 소수점 아래 마지막 자릿수 다음으로 옮기기
   - 0.36의 소수점을 오른쪽으로 두 칸 이동해서 0.36을 36으로 바꾼다.

Level 1
9차시

3. 제수에서 소수점을 이동한 만큼 피제수의 소수점을 이동하기
   - 29.88의 소수점을 오른쪽으로 두 칸 이동하면 29.88은 2988이 된다.

4. 제수와 피제수를 세로셈 형식으로 바꾼 후, 피제수의 소수점과 같은 위치에 몫의 소수점을 찍기

$$\to 36 \overline{)2988\,.}$$

5. 나눗셈하기

$$
\begin{array}{r}
83.0 \\
36\ \overline{)\ 2988.\ } \\
288 \\
\hline
108 \\
-108 \\
\hline
0
\end{array}
$$

→ $29.88 \div 0.36 = 83$

❷ $11.2 \div 1.6$을 계산하시오.

1. 피제수를 나눗셈의 세로셈 기호 안쪽에 쓰고 제수를 왼쪽 밖에 쓰기

- 피제수인 11.2를 안쪽에, 제수 1.6을 바깥에 쓴다.

→ $1.6\ \overline{)\ 11.2\ }$

2. 제수의 소수점을 소수점 아래 마지막 자릿수 다음으로 옮기기

- 1.6의 소수점을 오른쪽으로 한 칸 이동해서 1.6을 16으로 바꾼다.

3. 제수에서 소수점을 이동한 만큼 피제수의 소수점을 이동하기

- 11.2의 소수점을 오른쪽으로 한 칸 이동하면 11.2는 112가 된다.

4. 제수와 피제수를 세로셈 형식으로 바꾼 후, 피제수의 소수점과 같은 위치에 몫의 소수점 찍기

$$\rightarrow 16\overline{)112.}$$

5. 나눗셈하기

$$\rightarrow 16\overline{)\begin{array}{r} 7.0 \\ 112. \\ -112 \\ \hline 0 \end{array}}$$

→ 11.2 ÷ 1.6 = 7.0 = 7

③ 1.68 ÷ 2.4를 계산하시오.

1. 피제수를 나눗셈의 세로셈 기호 안쪽에 쓰고 제수를 왼쪽 밖에 쓰기

● 피제수인 1.68을 안쪽에, 제수 2.4를 바깥에 쓴다.

$$\rightarrow 2.4\overline{)1.68}$$

2. 제수의 소수점을 소수점 아래 마지막 자릿수 다음으로 옮기기

● 2.4의 소수점을 오른쪽으로 한 칸 이동해서 2.4를 24로 바꾼다.

3. 제수에서 소수점을 이동한 만큼 피제수의 소수점을 이동하기

　● 1.68의 소수점을 오른쪽으로 한 칸 이동하면 1.68은 16.8이 된다.

4. 제수와 피제수를 세로셈 형식으로 바꾼 후, 피제수의 소수점과 같은 위
　치에 몫의 소수점 찍기

$$\rightarrow\ 24\overline{)\,16\,.\,8}$$

5. 나눗셈하기

$$
\begin{array}{r}
0.\,7 \\
24\overline{)\,16\,.\,8} \\
-\ 0\,.\,0 \\
\hline
16\,.\,8 \\
-\ 16\,.\,8 \\
\hline
0
\end{array}
$$

$\rightarrow 1.68 \div 2.4 = 0.7$

◈ 다음 나눗셈을 세로셈 방법을 사용하여 계산하시오(선생님과 문제를 푸는 동안 문제 풀이를 아래에 적어 보세요).

❶ 2.24 ÷ 0.32를 계산하시오.

1. 피제수를 나눗셈의 세로셈 기호 안쪽에 쓰고 제수를 왼쪽 밖에 쓰기

2. 제수의 소수점을 소수점 아래 마지막 자릿수 다음으로 옮기기

3. 제수에서 소수점을 이동한 만큼 피제수의 소수점을 이동하기

4. 제수와 피제수를 세로셈 형식으로 바꾼 후, 피제수의 소수점과 같은 위
치에 몫의 소수점 찍기

5. 나눗셈하기

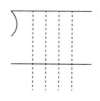

정답: _____

② 7.82 ÷ 3.4를 계산하시오.

1. 피제수를 나눗셈의 세로셈 기호 안쪽에 쓰고 제수를 왼쪽 밖에 쓰기

2. 제수의 소수점을 소수점 아래 마지막 자릿수 다음으로 옮기기

3. 제수에서 소수점을 이동한 만큼 피제수의 소수점을 이동하기

4. 제수와 피제수를 세로셈 형식으로 바꾼 후, 피제수의 소수점과 같은 위치에 몫의 소수점 찍기

5. 나눗셈하기

정답: _____

❸ 0.792 ÷ 0.66을 계산하시오.

1. 피제수를 나눗셈의 세로셈 기호 안쪽에 쓰고 제수를 왼쪽 밖에 쓰기

2. 제수의 소수점을 소수점 아래 마지막 자릿수 다음으로 옮기기

3. 제수에서 소수점을 이동한 만큼 피제수의 소수점을 이동하기

4. 제수와 피제수를 세로셈 형식으로 바꾼 후, 피제수의 소수점과 같은 위치에 몫의 소수점 찍기

5. 나눗셈하기

정답: _____

① 28.9 ÷ 0.17을 계산할 때 혼동되는 점은 무엇입니까?

지금까지 연습해 온 문제들은 제수의 소수점 아래 자릿수가 피제수의 소수점 아래 자릿수보다 더 적거나 같은 경우였습니다. 주어진 문제는 제수의 소수점 아래 자릿수가 피제수보다 많습니다. 제수를 자연수로 바꾸기 위해 0.17의 소수점을 오른쪽으로 두 자리 옮기면 피제수인 28.9의 소수점도 오른쪽으로 두 자리 옮겨야 합니다. 28.9의 소수점을 오른쪽으로 두 자리 옮기면 2890이 됩니다. 마지막 0을 종종 생략하여 실수하는 경우가 있습니다. 28.9 ÷ 0.17은 2890 ÷ 17로 바뀌고, 세로식 계산 절차를 따라 풀면 답은 170입니다.

Level 1
9차시

② 5 ÷ 0.25를 계산할 때 혼동되는 점은 무엇입니까?

주어진 문제는 자연수 5를 소수 0.25로 나누는 문제입니다. 소수의 나눗셈에서 자연수가 나오면 소수점이 없으므로 당황하는 경우가 있습니다. 자연수 5는 소수 5.0으로 바꿀 수 있습니다. 5.0을 0.25로 나누기 위해 제수 0.25의 소수점을 오른쪽으로 두 자리 이동하여 0.25를 자연수 25로 바꾸고, 5.0의 소수점도 오른쪽으로 두 자리 이동합니다. 5.0의 소수점을 오른쪽으로 두 자리 이동하면 500이 됩니다. 5 ÷ 0.25는 500 ÷ 25가 되고 나눗셈 결과는 20입니다.

배움 체크하기

 오늘 우리가 함께 공부한 것을 혼자서도 할 수 있는지 체크해 봅시다. 혼자서도 할 수 있으면 👍, 선생님의 도움이 더 필요하다면 ❓에 동그라미로 표시하세요.

배움 체크 리스트	👍	❓
1. 세로셈을 이용한 두 자연수의 나눗셈 방법을 이해하고 적용할 수 있습니다.		
2. 제수와 피제수를 구분하고 세로셈을 하기 위해 제수와 피제수를 적절한 자리에 놓을 수 있습니다.		
3. 소수점 아래 자릿수를 이해하고 비교할 수 있습니다.		
4. 세로셈으로 소수를 나눗셈하려면 제수의 소수점을 소수점 아래 자릿수만큼 오른쪽으로 이동하여 제수를 자연수로 만든다는 것을 이해하고 적용할 수 있습니다.		
5. 제수의 소수점을 오른쪽으로 이동한 만큼 피제수의 소수점도 이동한다는 것을 이해하고 적용할 수 있습니다.		
6. 자연수가 된 제수와 변경된 피제수를 세로셈 절차를 적용하여 나눗셈한다는 것을 이해하고 적용할 수 있습니다.		
7. 세로셈에서 몫의 소수점은 피제수의 소수점의 위치와 동일하다는 것을 이해하고 적용할 수 있습니다.		

오늘 배운 것을 기억하면서 문제를 혼자 풀어 보는 시간입니다. 내비게이션 1.9 를 사용하면 도움이 됩니다.

✎ 다음을 계산하시오.

1. $3910 \div 170$

2. 3.005×10^3

다음 나눗셈을 세로셈 방법을 이용하여 계산하시오.

3. $199.8 \div 5.4$

4. $1.092 \div 0.84$

5. $49.64 \div 0.73$

6. $14 \div 3.5$

7. $1.21 \div 0.011$

10차시
비의 뜻

✎ 다음 물음에 답하시오.

1. 쌀 4컵에 물 3컵을 넣어 밥을 지으려 할 때,

    물 : 쌀 = _____ : _____

2. 딸기 7개에 요구르트 2병을 넣어 딸기 주스를 만들려 할 때,

    요구르트 : 딸기 = _____ : _____

3. 남학생이 12명과 여학생이 10명 있을 때, 남학생 수에 대한 여학생 수의 비

4. 가로 4cm, 세로 9cm인 직사각형이 있을 때, 가로에 대한 세로의 비

5. 두발자전거 3대와 자동차 3대가 있을 때, 자전거 바퀴 수에 대한 자동차 바퀴 수의 비

6. 남학생이 13명, 여학생이 12명 있을 때, 전체 학생 수에 대한 여학생 수의 비

7. 가로 4cm, 세로 9cm, 넓이 $36cm^2$인 직사각형이 있을 때, 직사각형의 넓이에 대한 세로의 비

✎ 다음 문제에 답하시오.

❶ 쌀 6컵에 완두콩 2컵을 넣어 완두콩밥을 지으려 할 때, 쌀의 양에 대한 완두콩의 비를 구하시오.

1. 구해야 할 비를 △에 대한 □의 비의 형태로 쓰기

> △에 대한 □의 비
> 쌀의 양에 대한 완두콩의 비

2. 기준량을 확인하고 ':' 오른쪽에 쓰기

- △에 대한 □의 비에서 △에 해당하는 수가 기준량이다.

→ 쌀이 기준량이고 쌀의 양은 6이므로 6을 ':' 오른쪽에 쓴다.

> 비교하는 양 : 기준량
> : 6

3. 비교하는 양을 확인하고 ':' 왼쪽에 쓰기

- △에 대한 □의 비에서 □에 해당하는 수가 비교하는 양이다.

→ 완두콩 양이 비교하는 양이고 완두콩 양은 2컵이므로 2를 ':' 왼쪽에 쓴다.

> 비교하는 양 : 기준량
> 2 : 6

4. 두 수의 최대공약수로 두 수를 나누기

- 2와 6의 최대공약수는 2이다.

- $\dfrac{2}{2} : \dfrac{6}{2} = 1 : 3$

❷ 6,000원을 쓰고 8,000원을 저축했을 때, 저축한 금액에 대한 쓴 금액의 비를 구하시오.

1. 구해야 할 비를 △에 대한 □의 비의 형태로 쓰기

> △에 대한 □의 비
> 저축 금액에 대한 쓴 금액의 비

2. 기준량을 확인하고 ':' 오른쪽에 쓰기

- △에 대한 □의 비에서 △에 해당하는 수가 기준량이다.

  → 저축한 금액이 기준량이고 저축한 금액은 8,000원이므로 8000을 ':' 오른쪽에 쓴다.

> 비교하는 양 : 기준량
> : 8000

3. 비교하는 양을 확인하고 ':' 왼쪽에 쓰기

- △에 대한 □의 비에서 □에 해당하는 수가 비교하는 양이다.

  → 쓴 금액이 비교하는 양이고 6,000원이므로 6000을 ':' 왼쪽에 쓴다.

> **비교하는 양 : 기준량**
>
> 6000 : 8000

4. 두 수의 최대공약수로 두 수를 나누기

- 6000과 8000의 최대공약수는 2000이다.

- $\dfrac{6000}{2000} : \dfrac{8000}{2000} = 3 : 4$

❸ 다음 표를 보고, 고양이를 키우는 학생 수에 대한 애완동물을 키우지 않는 학생 수의 비를 구하시오.

Level 1
10차시

	고양이	개	기타 애완동물	애완동물을 키우지 않는 학생
학생 수	5	12	3	7

1. 구해야 할 비를 △에 대한 □의 비의 형태로 쓰기

> **△에 대한 □의 비**
> 고양이를 키우는 학생 수에 대한 애완동물을 키우지 않는 학생 수의 비

2. 기준량을 확인하고 ':' 오른쪽에 쓰기

- △에 대한 □의 비에서 △에 해당하는 수가 기준량이다.

  → 고양이를 키우는 학생 수가 기준량이고 5명이므로 5를 ':' 오른쪽에 쓴다.

비교하는 양 : 기준량

: 5

3. 비교하는 양을 확인하고 ':'의 왼쪽에 쓰기

- △에 대한 □의 비에서 □에 해당하는 수가 비교하는 양이다.

  → 애완동물을 키우지 않는 학생수가 비교하는 양이고 7명이므로 7을 ':' 왼쪽에 쓴다.

비교하는 양 : 기준량

7 : 5

4. 두 수의 최대공약수로 두 수를 나누기

- 7과 5는 공통약수가 1뿐인 서로소이다.
- 7 : 5가 정답이다.

◆ 다음 문제에 답하시오(선생님과 문제를 푸는 동안 문제 풀이를 아래에 적어 보세요).

❶ 물 6컵에 라면 두 봉지를 끓였을 경우, 라면 개수에 대한 물의 비를 구하시오.

1. 구해야 할 비를 △에 대한 □의 비의 형태로 쓰기

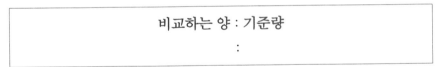

△에 대한 □의 비
_____에 대한 _____의 비

2. 기준량을 확인하고 ':' 오른쪽에 쓰기

비교하는 양 : 기준량

:

3. 비교하는 양을 확인하고 ':' 왼쪽에 쓰기

비교하는 양 : 기준량

:

4. 두 수의 최대공약수로 두 수를 나누기

정답: _____

❷ 인형 뽑기에서 4번은 성공하고 8번은 실패했을 경우, 인형 뽑기에서 실패한 횟수에 대한 성공한 횟수의 비를 구하시오.

1. 구해야 할 비를 △에 대한 □의 비의 형태로 쓰기

△에 대한 □의 비

_____에 대한 _____의 비

2. 기준량을 확인하고 ':'의 오른쪽에 쓰기

비교하는 양 : 기준량

:

3. 비교하는 양을 확인하여 ':'의 왼쪽에 쓰기

비교하는 양 : 기준량

:

4. 두 수의 최대공약수로 두 수를 나누기

정답: _____

3 다음 표를 보고, 안경을 끼는 남학생 수에 대한 안경이나 드림렌즈를 사용하지 않는 여학생 수의 비를 구하시오.

Level 1
10차시

	안경을 끼는 학생	드림렌즈를 끼는 학생	안경이나 드림렌즈를 사용하지 않는 학생
남학생 수	7	1	7
여학생 수	4	5	6

1. 구해야 할 비를 △에 대한 □의 비의 형태로 쓰기

△에 대한 □의 비

_____에 대한 _____의 비

2. 기준량을 확인하고 ':'의 오른쪽에 쓰기

비교하는 양 : 기준량
:

3. 비교하는 양을 확인하여 ':'의 왼쪽에 쓰기

비교하는 양 : 기준량
:

4. 두 수의 최대공약수로 두 수를 나누기

정답: _____

❶ 용돈 10,000원을 받아 6,000원은 쓰고 4,000원을 저축했을 때, 받은 용돈 금액에 대한 저축한 금액의 비를 구할 때 혼동되는 점은 무엇입니까?

주어진 문제에는 기준량과 비교하는 양뿐 아니라 비를 구하는 데 필요하지 않는 수량값도 포함되어 있습니다. 기준량과 비교하는 양에 해당하는 적절한 수량을 선택하지 못하면 오답을 낼 수 있습니다. 기준량은 용돈 금액이고 비교하는 양은 저축한 금액이므로 비교하는 양 : 기준량은 4000 : 10000입니다. 간단히 나타내면 4000 : 10000 = 2 : 5입니다. 쓴 돈 6,000원은 비를 구하는 데 필요치 않은 수량입니다.

Level 1
10차시

❷ 자동차가 휘발유 5리터(L)로 35km를 달렸을 때, 사용된 휘발유에 대한 자동차가 달린 거리의 비를 계산할 때 혼동되는 점은 무엇입니까?

지금까지 연습한 문제들에서는 기준량과 비교하는 수량의 단위가 같았는데(예: 학생 수, 성공 횟수와 실패 횟수), 주어진 문제는 기준량인 휘발유량의 단위는 리터(L)이고 비교하는 양인 자동차가 달린 거리의 단위는 km이므로 당황하는 경우가 있습니다. 사용된 휘발유량에 대한 자동차가 달린 거리의 비는 35 : 5, 즉 7 : 1입니다.

❸ 가로가 3cm, 세로가 5cm인 직사각형이 있을 때, 세로의 길이에 대한 직사각형 면적의 비를 구할 때 혼동되는 점은 무엇입니까?

주어진 문제에는 비교하는 양이 나와 있지 않습니다. 주어진 정보를 이용하여 비교하는 양인 직사각형의 면적을 구한 후, 세로의 길이에 대한 직사각형 면적의 비를 구해야 합니다. 비교하는 양인 직사각형의 면적은 3cm × 5cm = 15cm²이고 기준량은 세로의 길이 5cm이므로 세로의 길이에 대한 직사각형 면적의 비는 15 : 5, 즉 3 : 1입니다.

오늘 우리가 함께 공부한 것을 혼자서도 할 수 있는지 체크해 봅시다. 혼자서도 할 수 있으면 👍, 선생님의 도움이 더 필요하다면 ❓에 동그라미로 표시하세요.

배움 체크 리스트	👍	❓
1. 비교하는 수의 의미를 이해하고 찾을 수 있습니다.		
2. 기준량의 의미를 이해하고 찾을 수 있습니다.		
3. 두 수량의 비교는 비를 사용하여 나타낼 수 있다는 것을 이해하고 적용할 수 있습니다.		
4. A : B는 A가 B의 몇 배인가를 나타내고 A와 B의 비라고 한다는 것을 이해하고 적용할 수 있습니다.		
5. A : B에서 A는 비교하는 양, B는 기준량이라는 것을 이해하고 적용할 수 있습니다.		
6. A : B는 A의 B에 대한 비, B에 대한 A의 비, A와 B의 비라고 읽는 것을 이해하고 적용할 수 있습니다.		
7. 비교하는 양이나 기준량이 주어지지 않았을 경우, 주어진 정보를 이용하여 비교하는 양이나 기준량을 구한다는 것을 이해하고 적용할 수 있습니다(예: 남학생 수가 12명, 여학생 수가 6명일 때, 전체 학생 수에 대한 여학생의 수).		

Level 1
10차시

오늘 배운 것을 기억하면서 문제를 혼자 풀어 보는 시간입니다. 내비게이션 1.10 을 사용하면 도움이 됩니다.

다음 물음에 답하시오.

1. 쌀 4컵에 물 3컵을 넣어 밥을 지으려 할 때,

   물 : 쌀 = _____ : _____

2. 딸기 7개에 요구르트 2병을 넣어 딸기 주스를 만들려 할 때,

   요구르트 : 딸기 = _____ : _____

3. 남학생이 12명과 여학생이 10명 있을 때, 남학생 수에 대한 여학생 수의 비

4. 가로 4cm, 세로 9cm인 직사각형이 있을 때, 가로에 대한 세로의 비

5. 두발자전거 3대와 자동차 3대가 있을 때, 자전거 바퀴 수에 대한 자동차 바퀴 수의 비

6. 남학생이 13명, 여학생이 12명 있을 때, 전체 학생 수에 대한 여학생 수의 비

7. 가로 4cm, 세로 9cm, 넓이 36cm²인 직사각형이 있을 때, 직사각형의 넓이에 대한 세로의 비

11차시

비율의 뜻

사전평가(1~7) ....

◆ 다음 물음에 답하시오.

1. 쌀 4컵에 물 3컵을 넣어 밥을 지으려 할 때, 쌀 양에 대한 물 양의 비를 나타내시오.

2. 가로 4cm, 세로 9cm인 직사각형이 있을 때, 가로에 대한 세로의 비를 나타내시오.

3. 남학생이 12명과 여학생이 10명 있을 때, 남학생 수에 대한 여학생 수의 비율을 분수와 소수로 나타내시오.

4. 퀴즈 대회 참가자 180명 중 예선 통과자가 120명일 때, 퀴즈 대회 참가자에 대한 예선 통과자의 비율을 분수와 소수로 나타내시오.

5. 기차역에서 해수욕장까지의 거리가 5km이고 버스역에서 해수욕장까지의 거리가 3km일 때, 기차역–해수욕장의 거리에 대하여 버스역–해수욕장 거리의 비율을 분수와 소수로 나타내시오.

6. 2시간에 100km를 달리는 자동차의 속도(시간에 대한 거리의 비율)를 분수와 소수로 나타내시오.

7. 가로 6cm, 세로 8cm인 직사각형이 있을 때, 직사각형의 넓이에 대한 세로의 비율을 분수와 소수로 나타내시오.

◆ 다음 문제에 답하시오.

1 쌀 6컵에 완두콩 2컵을 넣어 완두콩밥을 지으려 할 때, 쌀의 양에 대한 완두콩의 비율을 구하시오.

1. 구해야 할 비를 △에 대한 □의 비율의 형태로 쓰기
   ● △에 대한 □의 비율
   ● 쌀의 양에 대한 완두콩의 비율

2. 기준량과 비교하는 양을 구하기
   ● △에 대한 □의 비에서 △에 해당하는 수가 **기준량**이다.
     → 쌀 6컵이 기준량이다.
   ● △에 대한 □의 비에서 □에 해당하는 수가 **비교하는 양**이다.
     → 완두콩 2컵이 비교하는 양이다.

Level 1
11차시

3. **비교하는 양**을 **기준량**으로 나누기
   ● 비교하는 양인 2를 기준량인 6으로 나누면,

$$\rightarrow \text{비율} = \frac{\text{비교하는 양}}{\text{기준량}} = \frac{\square}{\triangle} = \frac{2}{6} = \frac{1}{3}$$ 또는 0.333이 쌀의 양에

대한 완두콩의 비율이다.

❷ 2시간에 100km를 달리는 자동차의 시간에 대한 거리의 비율(속도)을 구하시오.

1. 구해야 할 비를 △에 대한 □의 비율의 형태로 쓰기

   ● △에 대한 □의 비율

   ● 시간에 대한 거리의 비율

2. 기준량과 비교하는 양을 구하기

   ● △에 대한 □의 비에서 △에 해당하는 수가 **기준량**이다.

   → 자동차가 달린 시간인 2시간이 기준량이다.

   ● △에 대한 □의 비에서 □에 해당하는 수가 **비교하는 양**이다.

   → 자동차가 달린 거리인 100km가 비교하는 양이다.

3. **비교하는 양을 기준량으로 나누기**

   ● 비교하는 양인 100을 기준량인 2로 나누면,

   $$\rightarrow 비율 = \frac{비교하는\ 양}{기준량} = \frac{□}{△} = \frac{100}{2} = 50$$이 자동차가 달린 시간에

   대한 거리의 비율(속도)이다.

❸ 다음 표를 보고, 개를 키우는 학생 수에 대한 기타 애완동물을 키우는 학생 수의 비율을 구하시오.

	고양이	개	기타 애완동물	애완동물을 키우지 않는 학생
학생 수	5	12	3	7

1. 구해야 할 비를 △에 대한 □의 비율의 형태로 쓰기

- △에 대한 □의 비율
- 개를 키우는 학생 수에 대한 기타 애완동물을 키우는 학생 수의 비율

2. 기준량과 비교하는 양 구하기

- △에 대한 □의 비에서 △에 해당하는 수가 **기준량**이다.

  → 개를 키우는 학생 수인 12명이 기준량이다.

- △에 대한 □의 비에서 □에 해당하는 수가 **비교하는 양**이다.

  → 기타 애완동물을 키우는 학생 수인 3이 비교하는 양이다.

3. **비교하는 양**을 기준량으로 나누기

- 비교하는 양인 3을 기준량인 12로 나누면,

  → 비율 $= \dfrac{\text{비교하는 양}}{\text{기준량}} = \dfrac{□}{△} = \dfrac{3}{12} = \dfrac{1}{4}$ 또는 0.25가 개를 키우는

  학생 수에 대한 기타 애완동물을 키우는 학생 수의 비율이다.

◆ 다음 문제에 답하시오(선생님과 문제를 푸는 동안 문제 풀이를 아래에 적어 보세요).

❶ 물 6컵에 라면 두 봉지를 끓였을 경우, 라면 개수에 대한 물의 비율을 구하시오.

　1. 구해야 할 비를 △에 대한 □의 비율의 형태로 쓰기

　　● △에 대한 □의 비율

　　_____에 대한 _____의 비율

　2. 기준량과 비교하는 양을 구하기

　3. 비교하는 양을 기준량으로 나누기

　　● 비율 $= \dfrac{비교하는\ 양}{기준량} = \dfrac{\square}{\triangle}$

정답: _____

❷ 인형 뽑기에서 4번은 성공하고 8번은 실패했을 경우, 인형 뽑기에서 실패한 횟수에 대한 성공한 횟수의 비율를 구하시오.

1. 구해야 할 비를 △에 대한 □의 비율의 형태로 쓰기

 ● △에 대한 □의 비율

 _____에 대한 _____의 비율

2. 기준량과 비교하는 양을 구하기

3. 비교하는 양을 기준량으로 나누기

 ● 비율 $= \dfrac{\text{비교하는 양}}{\text{기준량}} = \dfrac{\square}{\triangle}$

정답: _____

❸ 다음 표를 보고, 안경을 낀 남학생 수에 대한 드림렌즈를 낀 여학생 수의 비율을 구하시오.

	안경을 끼는 학생	드림렌즈를 끼는 학생	안경이나 드림렌즈를 사용하지 않는 학생
남학생 수	10	1	4
여학생 수	4	8	3

1. 구해야 할 비를 △에 대한 □의 비율의 형태로 쓰기

- △에 대한 □의 비율

   _____에 대한 _____의 비율

2. 기준량과 비교하는 양을 구하기

3. 비교하는 양을 기준량으로 나누기

- 비율 $= \dfrac{\text{비교하는 양}}{\text{기준량}} = \dfrac{\square}{\triangle}$

정답: _____

❶ 자두 10개를 2,000원에 파는 가게와 자두 12개를 3,000원에 파는 가게가 있을 때, 어느 가게가 자두를 더 싸게 파는 것인지 자두에 대한 가격의 비율을 사용하여 결정하는 문제를 풀 때 혼동되는 점은 무엇입니까?

주어진 문제를 풀기 위해서는 자두에 대한 가격의 비율을 가게별로 계산하여 둘 중 더 싼 가격(자두에 대한 가격의 비율이 더 낮은 가게)에 자두를 파는 가게를 선택하여야 합니다. 자두 10개를 2,000원에 파는 가게의 자두에 대한 가격의 비율은 $\frac{2000}{10} = \frac{200}{1} = 200$이고, 자두 12개를 3,000원에 파는 가게의 자두에 대한 가격의 비율은 $\frac{3000}{12} = \frac{250}{1} = 250$입니다. 자두에 대한 가격의 비율이 더 작은 가게가 더 싸게 파는 가게이므로 자두 10개를 2,000원에 파는 가게가 자두를 더 싸게 파는 가게라고 결정할 수 있습니다.

Level 1
11차시

❷ 두 시간에 120km를 달리는 자동차와 4시간에 150km를 달리는 자동차가 있을 때, 어떤 자동차가 더 빨리 달리는 것인지 걸린 시간에 대한 거리의 비율을 사용하여 결정해야 할 때 혼동되는 점은 무엇입니까?

주어진 문제를 풀기 위해서는 자동차별로 달린 시간에 대한 달린 거리의 비율(속도)을 계산하여 속도가 더 빠른(큰) 자동차를 선택해야 합니다.

두 시간에 120km를 달린 자동차의 시간에 대한 거리의 비율은 $\frac{120}{2} = \frac{60}{1} = 60$이고, 4시간에 150km를 달린 자동차의 시간에 대한 거리의 비율은 $\frac{150}{40} = 37.5$입니다. 속도가 더 빠른 자동차는 두 시간에 120km를 달린 자동차입니다.

❸ 가로가 3cm, 세로가 5cm인 직사각형이 있을 때, 세로의 길이에 대한 직사각형 면적의 비율을 구할 때 혼동되는 점은 무엇입니까?

지금까지 연습한 문제들은 기준량과 비교하는 수량 정보를 포함하고 있었는데, 주어진 문제에서는 비교하는 양인 직사각형의 면적이 주어지지 않아 계산해서 구해야 합니다. 비교하는 양인 직사각형의 면적은 3cm × 5cm = 15cm²이고 기준량은 세로의 길이 5cm이므로 세로의 길이에 대한 직사각형 면적의 비율은 $\frac{15}{5} = \frac{3}{1} = 3$입니다.

배움 체크하기

 오늘 우리가 함께 공부한 것을 혼자서도 할 수 있는지 체크해 봅시다. 혼자서도 할 수 있으면 👍, 선생님의 도움이 더 필요하다면 ❓에 동그라미로 표시하세요.

배움 체크 리스트	👍	❓
1. 비교하는 수의 의미를 이해하고 찾을 수 있습니다.		
2. 기준량의 의미를 이해하고 찾을 수 있습니다.		
3. 두 수량의 비교는 비율을 사용하여 나타낼 수 있다는 것을 이해하고 적용할 수 있습니다.		
4. 두 수량의 비율은 비교하는 양을 기준량으로 나눈 값이라는 것을 이해하고 적용할 수 있습니다.		
5. 비율을 계산할 때는 구해야 할 비를 A에 대한 B의 비율로 나타낸 후, A는 기준량, B는 비교하는 양으로 선택한다는 것을 이해하고 적용할 수 있습니다.		
6. 비율은 분수나 소수로 나타낼 수 있음을 이해하고 적용할 수 있습니다.		
7. 비교하는 양이나 기준량이 문제에 주어지지 않았을 경우, 주어진 정보를 이용하여 비교하는 양이나 기준량을 구한 후 비율을 구할 수 있다는 것을 이해하고 적용할 수 있습니다(예: 남학생 수가 12명, 여학생 수가 6명일 때, 전체 학생 수에 대한 여학생 수의 비율을 구하기 위해 전체 학생 수를 계산하여 기준량으로 둔다).		

Level 1
11차시

오늘 배운 것을 기억하면서 문제를 혼자 풀어 보는 시간입니다. 내비게이션 1.11 을 사용하면 도움이 됩니다.

◆ 다음 물음에 답하시오.

1. 쌀 4컵에 물 3컵을 넣어 밥을 지으려 할 때, 쌀 양에 대한 물 양의 비를 나타내시오.

2. 가로 4cm, 세로 9cm인 직사각형이 있을 때, 가로에 대한 세로의 비를 나타내시오.

3. 남학생이 12명과 여학생이 10명 있을 때, 남학생에 대한 여학생의 비율을 분수와 소수로 나타내시오.

4. 퀴즈 대회 참가자 180명 중 예선 통과자가 120명일 때, 퀴즈 대회 참가자에 대한 예선 통과자의 비율을 분수와 소수로 나타내시오.

5. 기차역에서 해수욕장까지의 거리가 5km이고 버스역에서 해수욕장까지의 거리가 3km일 때, 기차역─해수욕장의 거리에 대하여 버스역─해수욕장 거리의 비율을 분수와 소수로 나타내시오.

6. 2시간에 100km를 달리는 자동차의 속도(시간에 대한 거리의 비율)를 분수와 소수로 나타내시오.

7. 가로 6cm, 세로 8cm인 직사각형이 있을 때, 직사각형의 넓이에 대한 세로의 비율을 분수와 소수로 나타내시오.

12차시

백분율 구하기

사전평가(1~7)

✎ 다음 물음에 답하시오.

1. 퀴즈 대회 참가자 180명 중 예선 통과자가 120명일 때, 퀴즈 대회 참가자에 대한 예선 통과자의 비율을 분수와 소수로 나타내시오.

2. 2시간에 100km를 달리는 자동차의 속도(시간에 대한 거리의 비율)를 분수와 소수로 나타내시오.

3. 6학년 전체 200명 학생 중 50명이 방과후 테니스 교실에 참가했을 때, 방과후 테니스 교실에 참가한 학생은 6학년 학생의 몇 %입니까?

4. 우리 반 학생 25명 중 공포 영화를 좋아하는 학생은 10명입니다. 공포 영화를 좋아하는 학생은 우리 반 학생 전체의 몇 %입니까?

5. 20개의 농구공을 골대에 던졌을 때, 그중 8개가 성공했을 경우 성공률은 몇 %입니까?

6. 마트에서 한 개에 5,000원 하는 우유를 4,000원에 팔고 있다면, 현재 우유값은 정상가의 몇 %입니까?

7. 최근 건설한 고속도로에서 자동차의 표준 주행 속도는 시간당 80km인데 경훈 아빠의 자동차는 60km로 주행하고 있습니다. 경훈 아빠 자동차의 주행 속도는 표준 주행 속도의 몇 %입니까?

✎ 다음 문제에 답하시오.

❶ 20km 코스를 달리는 마라톤 대회에 참가한 선수가 15km 지점을 막 통과했을 때, 이 선수가 지금까지 달린 거리는 완주 거리의 몇 %인지 구하시오.

   1. 구해야 할 백분율을 △ 중 □의 %의 형태로 쓰기

     ● △ 중 □의 %

     ● 완주 거리 중 선수가 달린 거리의 %

   2. 기준량과 비교하는 양을 구하기

     ● 기준량은 △ 중 □의 %에서 △에 해당하는 수량이다.

      → △에 해당하는 수량은 완주 거리이므로 완주 거리인 20km가 기준량 이다.

     ● 비교하는 양은 △ 중 □의 %에서 □에 해당하는 수량이다.

      → □에 해당하는 수량은 선수가 달린 거리이므로 15km가 비교하는 양 이다.

   3. 비교하는 양을 기준량으로 나눈 값(비율)에 100을 곱하고 %를 쓰기

     ● 비교하는 양인 15를 기준량인 20으로 나누고 100을 곱하면,

Level 1
12차시

$$\text{백분율} = \frac{\text{비교하는 양(부분)}}{\text{기준량(전체)}} \times 100 = \frac{15}{20} \times 100 = 75\% \text{가 마라톤}$$

20km 코스 중 15km의 백분율이다.

❷ 쌀 6컵에 완두콩 2컵을 넣어 완두콩밥을 지으려 할 때, 완두콩밥 중 완두콩은 몇 %인지 구하시오.

1. 구해야 할 백분율을 △ 중 □의 %의 형태로 쓰기

   ● △ 중 □의 %

   ● 완두콩밥 중 완두콩의 %

2. 기준량과 비교하는 양을 구하기

   ● 기준량은 △ 중 □의 %에서 △에 해당하는 수량이다.

   → △에 해당하는 수량은 완두콩밥이므로 완두콩밥을 구성하는 두 곡물
      인 쌀과 완두콩을 합한 값, 쌀 + 완두콩 = 6 + 2 = 8컵이 기준량
      이다.

   ● 비교하는 양은 △ 중 □의 %에서 □에 해당하는 수량이다.

   → □에 해당하는 수량은 완두콩 2컵이다.

3. 비교하는 양을 기준량으로 나눈 값(비율)에 100을 곱하고 %를 쓰기

- 비교하는 양인 2를 기준량인 8로 나누고 100을 곱하면,

$$\text{백분율} = \frac{\text{비교하는 양(부분)}}{\text{기준량(전체)}} \times 100 = \frac{2}{8} \times 100 = 25\%\text{가 완두콩밥에}$$

들어 있는 완두콩의 백분율(%)이다.

❸ 다음 표는 다인이네 반 학생들이 어떤 애완동물을 키우고 있는지를 조사한 결과를 정리한 것이다. 다인이네 반 학생 중 개를 키우는 학생은 몇 %인지 구하시오.

	고양이	개	기타 애완동물	애완동물을 키우지 않는 학생
학생 수	7	12	3	8

1. 구해야 할 백분율을 △ 중 □의 %의 형태로 쓰기

- △ 중 □의 %
- 다인이네 반 학생 중 개를 키우는 학생의 %

2. 기준량과 비교하는 양을 구하기

- 기준량은 △ 중 □의 %에서 △에 해당하는 수량이다.
  → △에 해당하는 수량은 다인이네 반 학생이므로 조사에 참석한 모든 학생의 수를 합한 값(고양이를 키우는 학생 수 + 개를 키우는 학생 수 + 기타 애완동물을 키우는 학생 수 + 애완동물을 키우지 않는 학생 수

= 7 + 12 + 3 + 8 = 30)인 30명이 기준량이다.

● **비교하는 양은 △ 중 □의 %에서 □에 해당하는 수량이다.**

  → □에 해당하는 수량은 개를 키우는 학생 수이므로 12명이다.

3. 비교하는 양을 기준량으로 나눈 값(비율)에 100을 곱하고 %를 쓰기

  ● 비교하는 양인 12를 기준량인 30으로 나누고 100을 곱하면,

  $$\text{백분율} = \frac{\text{비교하는 양(부분)}}{\text{기준량(전체)}} \times 100 = \frac{12}{30} \times 100 = 40\%\text{가 다인이네}$$

  반 전체 학생 중 개를 키우는 학생의 백분율(%)이다.

◆ 다음 문제에 답하시오(선생님과 문제를 푸는 동안 문제 풀이를 아래에 적어 보세요).

① 보릿가루 6컵에 콩가루 4컵을 섞어 미숫가루를 만들었을 경우, 미숫가루 중 보릿가루는 몇 %입니까?

1. 구해야 할 백분율을 △ 중 □의 %의 형태로 쓰기
   - △ 중 □의 %

     _____ 중 _____의 %

2. 기준량과 비교하는 양 구하기
   - 기준량
   - 비교하는 양

3. 비교하는 양을 기준량으로 나눈 값(비율)에 100을 곱하고 %를 쓰기
   - 백분율 $= \dfrac{\text{비교하는 양(부분)}}{\text{기준량(전체)}} \times 100$

정답: _____

2 인형 뽑기에서 3번은 성공하고 9번은 실패했을 경우, 인형 뽑기에서 성공한 횟수의 %를 구하시오.

1. 구해야 할 백분율을 △ 중 □의 %의 형태로 쓰기

   - △ 중 □의 %

   _____ 중 _____의 %

2. 기준량과 비교하는 양 구하기

   - 기준량

   - 비교하는 양

3. 비교하는 양을 기준량으로 나눈 값(비율)에 100을 곱하고 %를 쓰기

   - 백분율 $= \dfrac{\text{비교하는 양(부분)}}{\text{기준량(전체)}} \times 100$

   정답: _____

3 다음 표를 보고, 설문 조사에 참여한 전체 학생 중 안경을 낀 학생 수는 몇 %인지 구하시오.

	안경을 낀 학생	드림렌즈를 낀 학생	안경이나 드림렌즈를 사용하지 않는 학생
남학생 수	10	1	4
여학생 수	5	7	3

1. 구해야 할 백분율을 △ 중 □의 %의 형태로 쓰기

- △ 중 □의 %

_____ 중 _____의 %

2. 기준량과 비교하는 양 구하기

- 기준량
- 비교하는 양

3. 비교하는 양을 기준량으로 나눈 값(비율)에 100을 곱하고 %를 쓰기

- 백분율 $= \dfrac{\text{비교하는 양(부분)}}{\text{기준량(전체)}} \times 100$

정답: _____

Level 1
12차시

1 최근 건설한 고속도로에서 자동차의 표준 주행 속도는 시간당 80km인데, 구급차가 시속 120km로 달려가고 있습니다. 구급차의 주행 속도는 표준 주행 속도의 몇 %로 달리고 있습니까?

지금까지 연습해 온 문제는 백분율이 100% 미만인 문제였는데, 주어진 문제는 백분율이 100%보다 큰 문제입니다. 즉, 비교하는 양이 기준량보다 큰 경우입니다. 기준량 80km, 비교하는 양 120km를 백분율 구하는 공식에 대입하면, 백분율 $= \dfrac{\text{비교하는 양(부분)}}{\text{기준량(전체)}} \times 100 = \dfrac{120}{80} \times 100 =$ 150%가 표준 주행 속도에 대한 구급차 주행 속도의 백분율(%)입니다.

2 마트에서 한 개에 5,000원 하는 우유를 4,000원에 팔고 있다면, 정상가와 할인가의 차이는 정상가의 몇 %입니까?

주어진 문제의 기준량은 5,000원이고, 비교하는 양은 정상가와 할인가의 차이(5,000 − 4,000 = 1,000원)입니다. 비교하는 양을 할인 후 가격인 4,000원으로 이해하면 오답을 낼 수 있습니다. 정상가와 할인가의 차이인 1,000원은 정상가 5,000원의 20%($\dfrac{1,000}{5,000} \times 100 = 20$)입니다.

배움 체크하기

오늘 우리가 함께 공부한 것을 혼자서도 할 수 있는지 체크해 봅시다. 혼자서도 할 수 있으면 👍, 선생님의 도움이 더 필요하다면 ❓에 동그라미로 표시하세요.

배움 체크 리스트	👍	❓
1. 비교하는 양의 의미를 이해하고 찾을 수 있습니다.		
2. 기준량의 의미를 이해하고 찾을 수 있습니다.		
3. 두 수량의 비교는 비율을 사용하여 나타낼 수 있다는 것을 이해하고 적용할 수 있습니다.		
4. 백분율은 두 수량의 비율에 100을 곱한 값이라는 것을 이해하고 적용할 수 있습니다.		
5. 백분율 다음에는 %를 써야 한다는 것을 이해하고 적용할 수 있습니다.		
6. 비교하는 양이 기준량보다 클 때에는 백분율이 100%보다 크다는 것을 이해하고 적용할 수 있습니다.		
7. 비교하는 양이나 기준량이 문제에 주어지지 않았을 경우, 주어진 정보를 이용하여 비교하는 양이나 기준량을 구한 후 백분율을 구한다는 것을 이해하고 적용할 수 있습니다(예: 남학생 수가 12명, 여학생 수가 6명일 때, 전체 학생 중 여학생의 %).		

Level 1
12차시

오늘 배운 것을 기억하면서 문제를 혼자 풀어 보는 시간입니다. 내비게이션 1.12 를 사용하면 도움이 됩니다.

✎ 다음 물음에 답하시오.

1. 퀴즈 대회 참가자 180명 중 예선 통과자가 120명일 때, 퀴즈 대회 참가자에 대한 예선 통과자의 비율을 분수와 소수로 나타내시오.

2. 2시간에 100km를 달리는 자동차의 속도(시간에 대한 거리의 비율)를 분수와 소수로 나타내시오.

3. 6학년 전체 200명 학생 중 50명이 방과후 테니스 교실에 참가했을 때, 방과후 테니스 교실에 참가한 학생은 6학년 학생의 몇 %입니까?

4. 우리 반 학생 25명 중 공포 영화를 좋아하는 학생은 10명입니다. 공포 영화를 좋아하는 학생은 우리 반 학생 전체의 몇 %입니까?

5. 20개의 농구공을 골대에 던졌을 때, 그중 8개가 성공했을 경우 성공률은 몇 %입니까?

6. 마트에서 한 개에 5,000원 하는 우유를 4,000원에 팔고 있다면, 현재 우유값은 정상가의 몇 %입니까?

7. 최근 건설한 고속도로에서 자동차의 표준 주행 속도는 시간당 80km인데 경훈 아빠의 자동차는 60km로 주행하고 있습니다. 경훈 아빠 자동차의 주행 속도는 표준 주행 속도의 몇 %입니까?

분수와 소수를 백분율로 나타내기

사전평가(1~7)

✏️ 다음 물음에 답하시오.

1. $\frac{3}{4}$ 을 소수로 나타내시오.

2. 0.08을 분수로 나타내시오.

3. 27%를 소수로 나타내시오.

4. 0.82를 %로 나타내시오.

5. $\dfrac{18}{25}$ 을 %로 나타내시오.

6. 230%를 분수와 소수로 나타내시오.

7. $\dfrac{8}{5}$ 을 %로 나타내시오.

✎ 다음 문제에 답하시오.

1 $\frac{18}{25}$ 을 백분율로 나타내시오.

- 분수 × 100%를 계산하기

- 분수 × 100% = $\frac{18}{25}$ × 100%를 계산한다.

  → $\frac{18}{25}$ × 100% = 72%

- $\frac{18}{25}$ 을 백분율로 나타내면 72%이다.

2 0.48을 백분율로 나타내시오.

- 소수 × 100%를 계산하기

- 소수 × 100% = 0.48 × 100%를 계산한다.

- 0.48의 소수점을 오른쪽으로 두 자리 옮기면 48%가 된다.

- 소수 0.48을 백분율로 나타내면 48%이다.

❸ 55%를 분수와 소수로 나타내시오.

1. 백분율을 분수로 나타내기 → %를 생략하고 $\dfrac{\text{백분율}}{100}$을 약분하여 나타냄

● 55%를 분수로 나타내려면 %를 생략하고 $\dfrac{55}{100}$를 약분하여 나타낸다.

$\rightarrow \dfrac{55}{100} = \dfrac{11}{20}$

● 55%를 분수로 바꾸면 $\dfrac{11}{20}$이 된다.

2. 백분율을 소수로 나타내기 → %를 생략하고 백분율을 100으로 나눔

● 55%를 소수로 바꾸려면 %를 생략하고 55를 100으로 나눈다(소수점 왼쪽으로 두 칸 이동).

$\rightarrow 55 \div 100 = 0.55$

● 55%를 소수로 나타내면 0.55이다.

✏️ 다음 문제에 답하시오(선생님과 문제를 푸는 동안 문제 풀이를 아래에 적어 보세요).

❶ $\frac{6}{25}$을 백분율로 나타내시오.

  • 분수 × 100%를 계산하기

    정답: _____

❷ 0.07을 백분율로 나타내시오.

  • 소수 × 100%를 계산하기

    정답: _____

❸ 145%를 분수와 소수로 나타내시오.

  1. 백분율을 분수로 나타내기 ← %를 생략하고 $\frac{백분율}{100}$을 약분하여 나타냄

    정답: _____

  2. 백분율을 소수로 나타내기 ← %를 생략하고 백분율을 100으로 나눔(소수점 왼쪽으로 두 칸 이동)

    정답: _____

❶ $1\frac{3}{5}$을 백분율로 나타낼 때 혼동되는 점은 무엇입니까?

지금까지 연습해 온 문제는 진분수를 백분율로 나타내는 문제였으므로 구해진 백분율이 100%보다 작았습니다. 주어진 문제는 대분수를 백분율로 나타내므로 답은 100%보다 큰 백분율이 됩니다. 먼저, 대분수 $1\frac{3}{5}$을 $\frac{8}{5}$로 바꿉니다. $\frac{8}{5} \times 100\% = 160\%$입니다.

❷ 2.4를 백분율로 나타낼 때 혼동되는 점은 무엇입니까?

지금까지 연습해 온 문제는 1보다 작은 소수였으므로 구해진 백분율이 100%보다 작았습니다. 주어진 문제는 1보다 큰 소수이므로 백분율로 나타내면 100%보다 큰 값을 갖게 됩니다. $2.4 \times 100\% = 240\%$입니다.

❸ 2.4%를 분수와 소수로 나타낼 때 혼동되는 점은 무엇입니까?

소수인 백분율이 주어져 있으므로 소수를 백분율로 바꾸는 것과 혼동될 수 있습니다. 주어진 문제는 백분율을 분수와 소수로 바꾸는 문제이므로 %를 생략하고 2.4를 100으로 나눠서 분수와 소수로 나타내야 합니다. 먼저, 2.4%를 분수로 나타내면 $\frac{2.4}{100} = \frac{24}{1000} = \frac{3}{125}$입니다. 2.4%를 소수로 나타내면 2.4 ÷ 100이므로 0.024입니다.

배움 체크하기

오늘 우리가 함께 공부한 것을 혼자서도 할 수 있는지 체크해 봅시다. 혼자서도 할 수 있으면 👍, 선생님의 도움이 더 필요하다면 ❓에 동그라미로 표시하세요.

배움 체크 리스트	👍	❓
1. 분수를 소수로 바꿀 수 있습니다.		
2. 소수를 분수로 바꿀 수 있습니다.		
3. 어떤 수를 100으로 나누면 소수점이 왼쪽으로 두 자리 이동하고, 어떤 수에 100을 곱하면 소수점이 오른쪽으로 두 자리 이동한다는 것을 이해하고 적용할 수 있습니다.		
4. 분수와 소수를 백분율로 바꾸려면 분수와 소수에 100%를 곱한다는 것을 이해하고 적용할 수 있습니다.		
5. 백분율을 분수로 바꾸려면 %를 생략하고 백분율을 100으로 나누고 약분한다는 것을 이해하고 적용할 수 있습니다.		
6. 백분율을 소수로 바꾸려면 %를 생략하고 백분율을 100으로 나누므로 소수점 자리를 왼쪽으로 두 자리 이동한다는 것을 이해하고 적용할 수 있습니다.		
7. 1보다 큰 분수나 소수를 백분율로 바꾸면 100%보다 큰 값이 되고, 100%보다 큰 백분율은 1보다 큰 분수나 소수가 된다는 것을 이해하고 적용할 수 있습니다.		

Level 1

13차시

오늘 배운 것을 기억하면서, 문제를 혼자 풀어 보는 시간입니다. 내비게이션 1.13 을 사용하면 도움이 됩니다.

✎ 다음 물음에 답하시오.

1. $\dfrac{1}{4}$을 소수로 나타내시오.

2. 0.09를 분수로 나타내시오.

3. 28%를 소수로 나타내시오.

4. 0.83을 %로 나타내시오.

5. $\dfrac{18}{25}$ 을 %로 나타내시오.

6. 240%를 분수와 소수로 나타내시오.

7. $\dfrac{7}{5}$ 을 %로 나타내시오.

14차시

전체-부분 관계를 이용하여 기준량과 비교하는 양 구하기

사전평가(1~7) ....

✎ 다음 물음에 답하시오.

1. 6학년 전체 200명 학생 중 50명이 방과후 테니스 교실에 참가했을 때, 방과후 테니스 교실에 참가한 학생 중 6학년 학생의 비율을 구하시오.

2. 마트에서 한 개에 5,000원 하는 우유를 4,000원에 팔고 있다면, 우유의 정상가에 대한 할인가의 비율을 구하시오.

3. 150cm의 80%를 구하시오.

4. 상자의 가로 길이의 75%가 30cm일 때, 상자의 가로 길이를 구하시오.

5. 물건값의 5%를 적립해 주는 마트에서 8,000원어치 물건을 샀을 경우, 적립받는 금액을 구하시오.

6. 20% 할인하는 옷을 샀더니 정가에서 4,000원을 할인해 주었을 때, 옷의 정상가를 구하시오.

7. 전교생의 $\dfrac{4}{9}$가 남학생이고 남학생이 240명일 때, 전교생 수를 구하시오.

✏️ 다음 문제에 답하시오.

❶ 20km 코스를 달리는 마라톤 대회에 참가한 선수가 완주 코스의 70% 지점을 통과했을 때, 이 선수가 지금까지 달린 거리를 구하시오.

1. $\dfrac{\text{백분율 부분(\%)}}{\text{백분율 전체(\%)}}$ 형태로 쓰기

   ● 마라톤 완주 코스 거리를 나타내는 **백분율**은 100%이고 지금까지 달린

   거리를 나타내는 **백분율**은 70%이므로,

   $$\dfrac{\text{백분율 부분(\%)}}{\text{백분율 전체(\%)}} = \dfrac{70(\%)}{100(\%)} \text{ 라 나타낸다.}$$

2. $\dfrac{\text{비교하는 양}}{\text{기준량}}$ 형태로 쓰기

   ● 마라톤 완주 코스 거리인 **기준량**은 20km이고 지금까지 달린 거리인 비

   교하는 양은 □이므로,

   $$\dfrac{\text{비교하는 양}}{\text{기준량}} = \dfrac{\square}{20} \text{ 라 나타낸다.}$$

3. 백분율과 비율의 비례식을 세우기

   ● $\dfrac{\text{백분율 부분(\%)}}{100\%} = \dfrac{\text{비교하는 양}}{\text{기준량}}$

   → $\dfrac{70\%}{100\%} = \dfrac{\square}{20}$

Level 1
14차시

4. 두 분수를 대각선에 있는 수끼리 곱하여 □를 구하기

$$\rightarrow \frac{70}{100} = \frac{\square}{20}$$

$$\rightarrow 100 \times \square = 70 \times 20$$

$$\rightarrow 100 \times \square = 1400$$

- □는 14km이다.

❷ 고속도로 규정 속도의 80%인 64km로 주행하고 있을 때, 고속도로 규정 속도를 구하시오.

1. $\dfrac{\text{백분율 부분(\%)}}{\text{백분율 전체(\%)}}$ 형태로 쓰기

- 고속도로 규정 속도를 나타내는 **백분율**은 100%이고 자동차의 주행 속도를 나타내는 **백분율**은 80%이므로,

$$\frac{\text{백분율 부분(\%)}}{\text{백분율 전체(\%)}} = \frac{80(\%)}{100(\%)}$$ 라 나타낸다.

2. $\dfrac{\text{비교하는 양}}{\text{기준량}}$ 형태로 쓰기

- 자동차의 주행 속도인 **비교하는 양**은 64km이고, 고속도로 규정 속도인 **기준량**은 □이므로,

$$\frac{\text{비교하는 양}}{\text{기준량}} = \frac{64}{\square}$$ 라 나타낸다.

3. 백분율과 비율의 비례식 세우기

• $\dfrac{\text{백분율 부분(\%)}}{100\%} = \dfrac{\text{비교하는 양}}{\text{기준량}}$

→ $\dfrac{80\%}{100\%} = \dfrac{64}{\square}$

4. 두 분수를 대각선에 있는 수끼리 곱하여 □를 구하기

→ $\dfrac{80}{100} = \dfrac{64}{\square}$

→ $80 \times \square = 64 \times 100$

→ $80 \times \square = 6400$

• □는 80km이다.

③ 하루 권장 열량의 80%인 1,400킬로칼로리를 섭취하였을 때, 하루 권장 열량을 구하시오.

1. $\dfrac{\text{백분율 부분(\%)}}{\text{백분율 전체(\%)}}$ 형태로 쓰기

Level 1
14차시

• 하루 권장 열량을 나타내는 **백분율**은 100%이고 지금까지 섭취한 열량을 나타내는 **백분율**은 80%이므로,

$\dfrac{\text{백분율 부분(\%)}}{\text{백분율 전체(\%)}} = \dfrac{80(\%)}{100(\%)}$이다.

2. $\dfrac{\text{비교하는 양}}{\text{기준량}}$ 형태로 쓰기

- 하루 권장 열량인 **기준량**은 □이고 지금까지 섭취한 열량인 **비교하는 양**

  은 1,400킬로칼로리이므로,

  $$\dfrac{\text{비교하는 양}}{\text{기준량}} = \dfrac{1400}{\square} \text{이다.}$$

3. 백분율과 비율의 비례식을 세우기

- $\dfrac{\text{백분율 부분(\%)}}{100\%} = \dfrac{\text{비교하는 양}}{\text{기준량}}$

  $\rightarrow \dfrac{80\%}{100\%} = \dfrac{1400}{\square}$

4. 두 분수를 대각선에 있는 수끼리 곱하여 □를 구하기

  $\rightarrow \dfrac{80}{100} = \dfrac{1400}{\square}$

  $\rightarrow 80 \times \square = 1400 \times 100$

  $\rightarrow 80 \times \square = 140000$

- □는 1,750킬로칼로리이다.

◆ 다음 문제에 답하시오(선생님과 문제를 푸는 동안 문제 풀이를 아래에 적어 보세요).

① 미숫가루 20컵의 40%가 보릿가루일 때, 보릿가루의 양을 구하시오.

1. $\dfrac{\text{백분율 부분(\%)}}{\text{백분율 전체(\%)}}$ 형태로 쓰기

  ● $\dfrac{\text{백분율 부분(\%)}}{\text{백분율 전체(\%)}} =$

2. $\dfrac{\text{비교하는 양}}{\text{기준량}}$ 형태로 쓰기

  ● $\dfrac{\text{비교하는 양}}{\text{기준량}} =$

3. 백분율과 비율의 비례식을 세우기

  ● $\dfrac{\text{백분율 부분(\%)}}{100\%} = \dfrac{\text{비교하는 양}}{\text{기준량}}$

Level 1
14차시

4. 두 분수를 대각선에 있는 수끼리 곱하여 □ 구하기

  정답: _____

❷ 서점에서 30% 할인하는 책을 샀더니 정상가에서 3,600원을 할인해 주었을 때, 책의 정상가를 구하시오.

1. $\dfrac{\text{백분율 부분(\%)}}{\text{백분율 전체(\%)}}$ 형태로 쓰기

   • $\dfrac{\text{백분율 부분(\%)}}{\text{백분율 전체(\%)}} =$

2. $\dfrac{\text{비교하는 양}}{\text{기준량}}$ 형태로 쓰기

   • $\dfrac{\text{비교하는 양}}{\text{기준량}} =$

3. 백분율과 비율의 비례식을 세우기

   • $\dfrac{\text{백분율 부분(\%)}}{100\%} = \dfrac{\text{비교하는 양}}{\text{기준량}}$

4. 두 분수를 대각선에 있는 수끼리 곱하여 ☐ 구하기

   정답: _____

❸ 54kg 나가던 체중이 식이요법으로 5% 감소했을 때, 감량된 체중을 구하시오.

1. $\dfrac{\text{백분율 부분(\%)}}{\text{백분율 전체(\%)}}$ 형태로 쓰기

   • $\dfrac{\text{백분율 부분(\%)}}{\text{백분율 전체(\%)}} =$

2. $\dfrac{\text{비교하는 양}}{\text{기준량}}$ 형태로 쓰기

   • $\dfrac{\text{비교하는 양}}{\text{기준량}} =$

3. 백분율과 비율의 비례식을 세우기

   • $\dfrac{\text{백분율 부분(\%)}}{100\%} = \dfrac{\text{비교하는 양}}{\text{기준량}}$

4. 두 분수를 대각선에 있는 수끼리 곱하여 □ 구하기

   정답: _____

❶ 물건값의 $\frac{1}{20}$을 적립해 주는 마트에서 15,000원어치 물건을 구입했을 때, 적립 금액이 얼마인지 구하는 문제를 풀 때 혼동되는 점은 무엇입니까?

주어진 문제는 전체−부분 관계가 백분율이 아니라 분수로 나타나 있습니다. 분수를 백분율로 먼저 고치고 전체−부분 관계($\frac{\text{백분율 부분(\%)}}{\text{백분율 전체(\%)}} = \frac{\text{비교하는 양}}{\text{기준량}}$)를 이용하여 비교하는 양을 구할 수도 있고, $15000 \times \frac{1}{20} =$ 750원으로 답을 구할 수도 있습니다.

❷ 마트에서 한 개에 5,000원 하는 우유를 20% 할인해서 팔고 있다면 할인가는 얼마인지 구하는 문제를 풀 때 혼동되는 점은 무엇입니까?

100%에 해당하는 기준량은 5,000원이지만 비교하는 양은 20%에 해당하는 가격이 아니라 20%를 할인한 후 가격(100% − 20% = 80%), 즉 정상가의 80%에 해당하는 가격입니다. $\frac{80\%}{100\%} = \frac{\square}{5000}$로 식을 세우고 □를 구하면, □ = 4,000원입니다.

❸ 물이 얼음이 되면 부피가 약 10% 증가한다면, 500ml의 물이 얼음이 되었을 때의 얼음 부피를 구하는 문제를 풀 때 혼동되는 점은 무엇입니까?

주어진 문제를 풀기 위해서는, 먼저 100%에 해당하는 기준량 500ml의 10%에 해당하는 비교하는 양을 구한 후($\frac{10\%}{100\%}$ = $\frac{\Box}{500}$: $\Box$ = 50ml), 50ml를 물의 원래 부피에 더해 주어야 합니다. 500ml + 50ml = 550ml가 답입니다.

 오늘 우리가 함께 공부한 것을 혼자서도 할 수 있는지 체크해 봅시다. 혼자서도 할 수 있으면 👍, 선생님의 도움이 더 필요하다면 ❓에 동그라미로 표시하세요.

배움 체크 리스트	👍	❓
1. 비교하는 양과 기준량의 의미를 이해하고 결정할 수 있습니다.		
2. 동치분수에 미지수가 있는 경우, 두 분수의 대각선에 있는 수끼리 곱하여 미지수를 구할 수 있습니다.		
3. 백분율의 의미를 이해하고 전체 수량에 해당하는 백분율이 100%라는 것을 이해하고 적용할 수 있습니다.		
4. 전체에 해당하는 백분율 100%와 부분에 해당하는 백분율을 이용하여 $\dfrac{\text{백분율 부분(\%)}}{\text{백분율 전체(\%)}}$ 의 식을 세운다는 것을 이해하고 적용할 수 있습니다.		
5. 전체에 해당하는 수량인 기준량과 부분에 해당하는 수량인 비교하는 양을 이용하여 $\dfrac{\text{비교하는 양}}{\text{기준량}}$ 의 식을 세운다는 것을 이해하고 적용할 수 있습니다.		
6. $\dfrac{\text{백분율 부분(\%)}}{\text{백분율 전체(\%)}} = \dfrac{\text{비교하는 양}}{\text{기준량}}$ 의 식을 풀 때는 백분율 전체(%) × 비교하는 양 = 백분율 부분(%) × 기준량으로 식을 바꾼 후 미지수인 수량을 구한다는 것을 이해하고 적용할 수 있습니다.		
7. 비교하는 양이나 기준량이 문제에 주어지지 않았을 경우, 주어진 정보를 이용하여 비교하는 양이나 기준량을 구한다는 것을 이해하고 적용할 수 있습니다(예: 5,000원 하는 물건값의 10%를 할인해 줄 때 할인가 구하기).		

오늘 배운 것을 기억하면서 문제를 혼자 풀어 보는 시간입니다. 내비게이션 1.14 를 사용하면 도움이 됩니다.

다음 물음에 답하시오.

1. 6학년 전체 200명 학생 중 50명이 방과후 테니스 교실에 참가했을 때, 방과후 테니스 교실에 참가한 학생 중 6학년 학생의 비율을 구하시오.

2. 마트에서 한 개에 5,000원 하는 우유를 4,000원에 팔고 있다면, 우유의 정상가에 대한 할인가의 비율을 구하시오.

3. 150cm의 72%는 얼마입니까?

Level 1

14차시

4. 상자의 가로 길이의 75%가 30cm일 때, 상자의 가로 길이는 얼마입니까?

5. 물건값의 5%를 적립해 주는 마트에서 8,000원어치 물건을 샀을 경우, 적립받는 금액은 얼마입니까?

6. 20% 할인하는 옷을 샀더니 정가에서 4,000원을 할인해 주었을 때, 옷의 정상가는 얼마입니까?

7. 전교생의 $\frac{4}{9}$가 남학생이고 남학생이 240명일 때, 전교생 수는 몇 명입니까?

15차시

등식의 의미와 방정식 만들기

✏ 다음 문장을 등식이나 방정식으로 나타내시오.

1. 3에 5를 더하면 8과 같습니다.

2. 4와 7을 곱한 수에 3을 더하면 31과 같습니다.

3. 국화꽃 56송이를 꽃병 몇 개에 똑같이 나누어 담았더니 꽃병에 8송이씩 꽂혔습니다.

4. 도넛이 13개가 있었는데 몇 개를 먹었더니 9개가 남았습니다.

5. 어떤 수의 5배보다 7 작은 수는 54와 같습니다.

6. 32의 4배는 어떤 수보다 100이 큰 수와 같습니다.

7. 어떤 수를 3으로 나눈 수를 48에서 뺐더니 7과 같습니다.

📝 다음 문제에 답하시오.

1 "어떤 수의 2배보다 3이 작은 수는 24와 같습니다."를 방정식으로 나타내시오.

1. 주어진 문장을 두 부분으로 나누어 표시하기

A	B
어떤 수의 2배보다 3이 작은 수	24와 같습니다.

2. 미지수를 찾아 x라 나타내기

● 어떤 수를 알지 못하므로 어떤 수를 x라 쓴다.

A	B
어떤 수의 2배보다 3이 작은 수	24와 같습니다.
→ x의 2배보다 3이 작은 수	24와 같습니다.

3. A와 B를 수식으로 나타내기

● 어떤 수의 2배보다 3이 작은 수는 어떤 수(x) × 2 − 3로 나타낼 수 있다.

A	B
x의 2배보다 3이 작은 수	24와 같습니다.
→ $2 \times x - 3$	24

Level 1
15차시

4. A와 B를 등호('=')로 연결합니다.

→ $2 \times x - 3 = 24$

❷ "장미꽃 몇 송이를 꽃병 4개에 나누어 꽂았더니 각 꽃병에 꽃이 10송이씩 꽂혔습니다."를 방정식으로 나타내시오.

1. 주어진 문장을 두 부분으로 나누어 표시하기

A	B
장미꽃 몇 송이를 꽃병 4개에 나누어 꽂았더니	각 꽃병에 10송이씩 꽂혔습니다.

2. 미지수를 찾아 x라 나타내기

● 장미꽃이 몇 송이인지 알지 못하므로 장미꽃 몇 송이를 x라 쓴다.

A	B
장미꽃 몇 송이를 꽃병 4개에 나누어 꽂았더니	각 꽃병에 10송이씩 꽂혔습니다.
→ x를 꽃병 4개에 나누어 꽂았더니	각 꽃병에 10송이씩 꽂혔습니다.

3. A와 B를 수식으로 나타내기

● 장미꽃 몇 송이(x) ÷ 4로 나타낼 수 있다.

A	B
x를 꽃병 4개에 나누어 꽂았더니	각 꽃병에 10송이씩 꽂혔습니다.
→ $x \div 4$	10

4. A와 B를 등호(=)로 연결합니다.

→ $x \div 4 = 10$

❸ "한 줄에 계란이 12개씩 들어 있는 계란을 몇 줄 사서 8개를 삶아 먹었더니 남은 계란은 28개입니다."를 방정식으로 나타내시오.

1. 주어진 문장을 두 부분으로 나누어 표시하기

A	B
한 줄에 계란이 12개씩 들어 있는 계란을 몇 줄 사서 8개를 삶아 먹었더니	남은 계란은 28개입니다.

2. 미지수를 찾아 x라 나타내기

   ● 계란이 몇 줄인지를 알지 못하므로 계란 몇 줄을 x라 쓴다.

A	B
한 줄에 계란이 12개씩 들어 있는 계란을 몇 줄 사서 8개를 삶아 먹었더니	남은 계란은 28개입니다.
→ 한 줄에 계란이 12개씩 들어 있는 계란을 x줄 사서 8개를 삶아 먹었더니	남은 계란은 28개입니다.

3. A와 B를 수식으로 나타내기

   ● $12 \times$ 계란 줄 수$(x) - 8$로 나타낼 수 있다.

A	B
한 줄에 계란이 12개씩 들어 있는 계란을 x줄 사서 8개를 삶아 먹었더니	남은 계란은 28개입니다.
→ $12 \times x - 8$	28

4. A와 B를 등호(=)로 연결하기

   → $12 \times x - 8 = 28$

◆ 다음 문제에 답하시오(선생님과 문제를 푸는 동안 문제 풀이를 아래에 적어 보세요).

❶ "어떤 수의 5배보다 7이 큰 수는 27과 같습니다."를 방정식으로 나타내시오.

1. 주어진 문장을 두 부분으로 나누어 표시하기

A	B

2. 미지수를 찾아 x라 나타내기

A	B
→	

3. A와 B를 수식으로 나타내기

A	B
→	

4. A와 B를 등호(=)로 연결하기

정답: _____

❷ "우리 반 전체 학생을 모둠원이 6명인 모둠으로 나눴더니 5모둠이 되었습니다."를 방정식으로 나타내시오.

1. 주어진 문장을 두 부분으로 나누어 표시하기

A	B

Level 1
15차시

2. 미지수를 찾아 x라 나타내기

A	B
$\rightarrow$	

3. A와 B를 수식으로 나타내기

A	B
$\rightarrow$	

4. A와 B를 등호($=$)로 연결하기

정답: _____

❸ "한 상자에 도넛이 6개 들어 있는 도넛을 몇 상자 사서 그중 5개 도넛을 친구에게 주었더니 35개의 도넛이 남았습니다."를 방정식으로 나타내시오.

1. 주어진 문장을 두 부분으로 나누어 표시하기

A	B

2. 미지수를 찾아 x라 나타내기

A	B
$\rightarrow$	

Level 1
15차시

3. A와 B를 수식으로 나타내기

A	B
→	

4. A와 B를 등호(=)로 연결하기

정답: _____

아 그렇구나! (1~2) ··

❶ "34의 2배는 어떤 수보다 7이 큰 수와 같습니다."를 방정식으로 나타낼 때 혼동되는 점은 무엇입니까?

> 주어진 문장은 '34의 2배'와 '어떤 수보다 7이 큰 수'를 비교하는 방정식으로 나타낼 수 있습니다. 지금까지 연습해 온 문제들은 등호의 왼쪽에 미지수가 있었는데, 주어진 문장을 나타내는 방정식은 등호의 오른쪽에 미지수가 있습니다. $34 \times 2 = x + 7$이 주어진 문장을 나타내는 방정식입니다.

❷ "어떤 수에 3을 곱한 값에서 2를 뺀 수는 동일한 어떤 수에 2를 곱한 값에서 3을 뺀 값과 같습니다."를 방정식으로 나타낼 때 혼동되는 점은 무엇입니까?

> 지금까지 배운 문제는 등호의 한쪽 방향에만 미지수가 있는 경우였는데, 주어진 문제를 방정식으로 나타내면 등호의 양쪽 방향에 미지수(어떤 수)가 있습니다. 주어진 문장은 $x \times 3 - 2 = x \times 2 - 3$으로 나타낼 수 있습니다.

Level 1
15차시

오늘 우리가 함께 공부한 것을 혼자서도 할 수 있는지 체크해 봅시다. 혼자서도 할 수 있으면 👍, 선생님의 도움이 더 필요하다면 ❓에 동그라미로 표시하세요.

배움 체크 리스트	👍	❓
1. 문장으로 표현된 덧셈과 뺄셈 상황을 이해하고 수식으로 나타낼 수 있습니다.		
2. 문장으로 표현된 곱셈과 나눗셈 상황을 이해하고 수식으로 나타낼 수 있습니다.		
3. 미지수의 의미를 이해합니다.		
4. 등식과 방정식의 의미를 이해합니다.		
5. 주어진 문장을 방정식으로 나타낼 때, 문장에 있는 정보를 두 부분으로 나눈다는 것을 이해하고 적용할 수 있습니다.		
6. 주어진 문장에서 미지수를 찾아 x를 사용하여 나타낼 수 있습니다.		
7. 주어진 문장을 방정식으로 나타낼 때는 문장의 두 부분에 있는 정보를 각각 수식으로 바꾼 후 두 부분을 등호(＝)로 연결하여 답한다는 것을 이해하고 적용할 수 있습니다.		

오늘 배운 것을 기억하면서 문제를 혼자 풀어 보는 시간입니다. 내비게이션 1.15 를 사용하면 도움이 됩니다.

✎ 다음 문장을 등식으로 나타내시오.

1. 3에 5를 더하면 8과 같습니다.

2. 4와 7을 곱한 수에 3을 더하면 31과 같습니다.

3. 국화꽃 56송이를 꽃병 몇 개에 똑같이 나누어 담았더니 꽃병에 8송이씩 꽂혔습니다.

Level 1

15차시

4. 도넛이 13개가 있었는데 몇 개를 먹었더니 9개가 남았습니다.

5. 어떤 수의 5배보다 7 작은 수는 54와 같습니다.

6. 32의 4배는 어떤 수보다 100이 큰 수와 같습니다.

7. 어떤 수를 3으로 나눈 수를 48에서 뺐더니 7과 같습니다.

16차시

등식의 성질을 이용하여 방정식 풀기

◆ 다음 문장을 등식이나 방정식으로 나타내시오.

1. "국화꽃 56송이를 꽃병 몇 개에 똑같이 나누어 담았더니 꽃병에 8송이씩 꽂혔습니다."를 방정식으로 나타내시오.

2. "어떤 수의 5배보다 7 작은 수는 52와 같습니다."를 방정식으로 나타내시오.

● 등식의 성질을 이용하여 다음 방정식을 풀어 보시오.

3. $x + 6 = 15$

4. $x \div 3 - 4 = 8$

5. $x \times 12 + 7 = 43$

6. $x \times \dfrac{3}{4} - 3 = 9$

7. $(4 + x) \times 3 = 15$

✏️ 다음 문제에 답하시오.

① 방정식 $2 \times x - 4 = 24$의 해를 구하시오.

1. 등호의 어느 쪽에 x가 있는지 확인하고, x만 남게 하려면 무엇을 없애야
하는지 계획하기
● $2 \times x - 4 = 24$에는 등호의 좌쪽(좌변)에 x가 있고, x만 남게 하려면 x에
곱해진 2와 뺄셈된 4를 없애야 한다.

2. x가 있는 쪽에 덧셈된 수는 같은 수의 뺄셈으로, 뺄셈된 수는 같은 수의
덧셈으로 없애기
● $2 \times x - 4 = 24$에서는 뺄셈항 -4가 있으므로 4를 덧셈하여 뺄셈항을
없앤다.

$$
\begin{array}{r|r}
2 \times x - 4 & = 24 \\
+\,4 & = +\,4 \\
\hline
2 \times x & = 28
\end{array}
$$

3. 곱셈된 수는 같은 수의 나눗셈으로, 나눈 수는 같은 수의 곱셈으로 없애기
● $2 \times x = 28$에서는 x에 2가 곱해져 있으므로 양변을 2로 나눈다.

Level 1
16차시

$$
\begin{array}{r|l}
2 \times x & = 28 \\
\div\, 2 & = \div\, 2 \\
\hline
x & = 14
\end{array}
$$

→ 괄호식이 없으므로 $2 \times x - 4 = 24$의 해는 $x = 14$이다.

❷ $x \div 5 - 6 = 9$의 해를 구하시오.

1. 등호의 어느 쪽에 x가 있는지 확인하고, x만 남게 하려면 무엇을 없애야
하는지 계획하기
   - $x \div 5 - 6 = 9$에는 등호의 좌쪽(좌변)에 x가 있고, x만 남게 하려면 x를
     나눈 5와 뺄셈된 6을 없애야 한다.

2. 덧셈된 수는 같은 수의 뺄셈으로, 뺄셈된 수는 같은 수의 덧셈으로 없애기
   - $x \div 5 - 6 = 9$에서는 뺄셈항 -6이 있으므로 양변에 6을 더하여 없앤다.

$$
\begin{array}{r|l}
x \div 5 - 6 & = 9 \\
+\, 6 & = +\, 6 \\
\hline
x \div 5 & = 15
\end{array}
$$

3. 곱셈된 수는 같은 수의 나눗셈으로, 나눈 수는 같은 수의 곱셈으로 없애기
   - $x \div 5 = 15$에서는 x를 5로 나누었으므로 양변에 5를 곱한다.

$$\begin{array}{c|c} x \div 5 & = 15 \\ \times 5 & = \times 5 \\ \hline x & = 75 \end{array}$$

→ 괄호식이 없으므로 $x \div 5 - 6 = 9$의 해는 $x = 75$이다.

❸ $x \times 3 \div 2 = 15$의 해를 구하시오.

1. 등호의 어느 쪽에 x가 있는지 확인하고, x만 남게 하려면 무엇을 없애야 하는지 계획하기
- $x \times 3 \div 2 = 15$에는 등호의 좌쪽(좌변)에 x가 있고, x만 남게 하려면 x에 곱해진 3과 x를 나눈 2를 없앤다.

2. 덧셈된 수는 같은 수의 뺄셈으로, 뺄셈된 수는 같은 수의 덧셈으로 없애기
- $x \times 3 \div 2 = 15$에서는 덧셈항이나 뺄셈항이 없다.

3. 곱셈된 수는 같은 수의 나눗셈으로, 나눈 수는 같은 수의 곱셈으로 없애기
- '$\div 2$'를 없애기 위해 양변에 '$\times 2$'를 한다.

$$\begin{array}{c|c} x \times 3 \div 2 & = 15 \\ \times 2 & = \times 2 \\ \hline x \times 3 & = 30 \end{array}$$

Level 1
16차시

● 다음은 '× 3'을 없애기 위해 '÷ 3'을 한다.

$$
\begin{array}{r|l}
x \times 3 & = 30 \\
\div 3 & = \div 3 \\
\hline
x & = 10
\end{array}
$$

→ 괄호식이 없으므로 $x \times 3 \div 2 = 15$의 해는 $x = 10$이다.

◆ 다음 문제에 답하시오(선생님과 문제를 푸는 동안 문제 풀이를 아래에 적어 보세요).

1 방정식 $5 \times x + 7 = 27$의 해를 구하시오.

    1. 등호의 어느 쪽에 x가 있는지 확인하고, x만 남게 하려면 무엇을 없애야 하는지 계획하기

    2. 덧셈된 수는 같은 수의 **뺄셈**으로, 뺄셈된 수는 같은 수의 덧셈으로 없애기

    3. 곱셈된 수는 같은 수의 나눗셈으로, 나눈 수는 같은 수의 곱셈으로 없애기

정답: ＿＿＿＿＿＿＿＿＿＿

Level 1
16차시

❷ 방정식 $x \div 11 + 9 = 17$의 해를 구하시오.

1. 등호의 어느 쪽에 x가 있는지 확인하고, x만 남게 하려면 무엇을 없애야 하는지 계획하기

2. 덧셈된 수는 같은 수의 **뺄셈**으로, 뺄셈된 수는 같은 수의 덧셈으로 없애기

3. 곱셈된 수는 같은 수의 나눗셈으로, 나눈 수는 같은 수의 곱셈으로 없애기

정답: _____

❸ 우리 반 전체 학생과 담임 선생님을 합하여 모둠원이 3명인 모둠으로 나눴더니 9모둠이 되었습니다. 우리 반 전체 학생은 몇 명입니까?

1. 주어진 문장을 방정식으로 나타내기

2. 등호의 어느 쪽에 x가 있는지 확인하고, x만 남게 하려면 무엇을 없애야 하는지 계획하기

3. 덧셈된 수는 같은 수의 **뺄셈**으로, **뺄셈**된 수는 같은 수의 덧셈으로 없애기

4. 곱셈된 수는 같은 수의 나눗셈으로, 나눈 수는 같은 수의 곱셈으로 없애기

5. 괄호를 풀고 x 외의 수를 없애기

정답: _____

아 그렇구나! (1~2) ●

❶ $34 \times 2 = x + 7$을 풀 때 혼동되는 점은 무엇입니까?

지금까지 연습해 온 문제들은 등호의 왼쪽에 미지수가 있었는데, 주어진 방정식은 오른쪽에 미지수가 있습니다. $34 \times 2 = 68$이므로 $68 = x + 7$ 을 풀어야 합니다. 등호 오른쪽에 있는 식 $x + 7$에서 미지수만 남기려면 7을 없애야 합니다. 양변에서 7을 빼면 $(68 - 7) = x + 7 - 7$이므로 $x = 61$입니다.

❷ $(4 + x) \div 3 = 3$을 풀 때 혼동되는 점은 무엇입니까?

주어진 방정식은 괄호가 있는 방정식입니다. x가 들어 있는 괄호만 남기기 위해 먼저 덧셈, 뺄셈으로 없앨 수 있는 수들을 없앤 후, 곱셈이나 나눗셈을 사용하여 괄호만 남깁니다. 주어진 방정식을 풀기 위해서는 괄호 $(4 + x)$를 나누는 수 3을 없애기 위해 양변에 3을 곱하는 일부터 시작합니다. 양변에 3을 곱하면 $(4 + x) \div 3 \times 3 = 3 \times 3$, 즉 $(4 + x) = 9$가 됩니다. $4 + x = 9$에서 x만 남기려면 양변에서 4를 빼야 합니다. $4 + x - 4 = 9 - 4$이므로 $x = 5$가 방정식의 해입니다.

 오늘 우리가 함께 공부한 것을 혼자서도 할 수 있는지 체크해 봅시다. 혼자서도 할 수 있으면 👍, 선생님의 도움이 더 필요하다면 ❓에 동그라미로 표시하세요.

배움 체크 리스트	👍	❓
1. 유리수의 사칙연산 방법을 이해하고 적용할 수 있습니다.		
2. 미지수의 의미, 등식, 방정식의 의미를 이해합니다.		
3. 등식의 성질(같은 수를 양변에 더하거나, 빼거나, 곱하거나, 나누어도 등호는 성립한다)을 이해하고 적용할 수 있습니다.		
4. 방정식을 풀기 위해서는 등호를 기준으로 미지수가 있는 쪽에서 미지수만 남기고 나머지 수들을 없애야 한다는 것을 이해하고 적용할 수 있습니다.		
5. 등호의 한쪽에 미지수만 남기기 위해서는 괄호 밖에서 덧셈이나 뺄셈된 수를 먼저 없애고 곱셈이나 나눗셈된 수를 없앤다는 것을 이해하고 적용할 수 있습니다.		
6. x가 괄호 안에 있을 경우, x 외에 괄호 안에 있는 수는 가장 마지막에 없앤다는 것을 이해하고 적용할 수 있습니다.		
7. 덧셈된 수는 같은 수의 뺄셈으로, 뺄셈된 수는 같은 수의 덧셈으로, 곱셈된 수는 같은 수의 나눗셈으로, 나눗셈된 수는 같은 수의 곱셈으로 없앨 수 있음을 이해하고 적용할 수 있습니다.		

Level 1
16차시

오늘 배운 것을 기억하면서 문제를 혼자 풀어 보는 시간입니다. 내비게이션 1.16 을 사용하면 도움이 됩니다.

✎ 다음 문장을 등식이나 방정식으로 나타내시오.

1. "국화꽃 56송이를 꽃병 몇 개에 똑같이 나누어 담았더니 꽃병에 8송이씩 꽂혔습니다."를 방정식으로 나타내시오.

2. "어떤 수의 5배보다 7이 작은 수는 52와 같습니다."를 방정식으로 나타내시오.

♦ 등식의 성질을 이용하여 다음 방정식을 풀어 보시오.

3. $x + 6 = 15$

4. $x \div 3 - 4 = 8$

5. $x \times 12 + 7 = 43$

6. $x \times \dfrac{3}{4} - 3 = 9$

7. $(4 + x) \times 3 = 15$

Level 1
16차시

저자 소개

김선아(Kim, Sun A)
서울대학교 심리학과 학사, 석사
오스틴 텍사스 주립대학(University of Texas at Austin)
　　특수교육 박사(수학 학습장애 전공)
Meadow Center for Preventing Educational Risk,
　　Post-Doctoral 연구원
현 미국 뉴욕 시립대학교 퀸즈 칼리지 특수교육 대학원 교수
　　(City University of New York, Queens College,
　　Graduate Programs in Special Education)

학생용 | Level 1

기초학력 향상을 위한
눈으로 보는 수학

2022년 5월 25일 1판 1쇄 인쇄
2022년 5월 30일 1판 1쇄 발행

지은이 • 김선아
펴낸이 • 김진환
펴낸곳 • (주) **학지사**
04031 서울특별시 마포구 양화로 15길 20 마인드월드빌딩
대표전화 • 02)330-5114   팩스 • 02)324-2345
등록번호 • 제313-2006-000265호

홈페이지 • http://www.hakjisa.co.kr
페이스북 • https://www.facebook.com/hakjisabook

ISBN 978-89-997-2643-9 93370

정가 15,000원

출판미디어기업 **학지사**
간호보건의학출판 **학지사메디컬** www.hakjisamd.co.kr
심리검사연구소 **인싸이트** www.inpsyt.co.kr
학술논문서비스 **뉴논문** www.newnonmun.com
교육연수원 **카운피아** www.counpia.com

『기초학력 향상을 위한 눈으로 보는 수학』은 배치검사를 통해 학생별 중재 LEVEL을 결정한 후, 중·고등학교 수학의 기초 영역인 수와 연산과 문자와 식 영역의 기본 기술을 3단계로 교수하고 학습할 수 있도록 **교사용 지침서**와 **학생용 워크북**으로 구성되어 있습니다.

김선아 저 | 사륙배판 | 배치검사집 포함 전 7권

- 배치검사집: 학지사 홈페이지를 통해 무상 제공
- 교사용 지침서 Level 1: 336쪽 / 17,000원
- 교사용 지침서 Level 2: 520쪽 / 19,000원
- 교사용 지침서 Level 3: 552쪽 / 19,000원

- 학생용 워크북 Level 1: 240쪽 / 15,000원
- 학생용 워크북 Level 2: 384쪽 / 17,000원
- 학생용 워크북 Level 3: 376쪽 / 17,000원

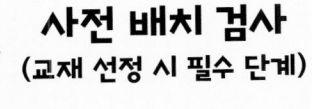

사전 배치 검사
(교재 선정 시 필수 단계)

본격적인 학습을 시작하기 전에 꼭!

배치검사집(Level Test)을 활용하여 학생의 학습 수준을 파악한 후 학습을 실시하시기 바랍니다.

배치검사집은 학지사 홈페이지 **[눈으로 보는 수학]** 소개란에 탑재되어 있으니 자유롭게 내려받아 활용하시기 바랍니다.

https://www.hakjisa.co.kr ➡ 눈으로 보는 수학 ➡ PPT / 도서 자료

중재 수준	교사용	학생용	차시
중재 LEVEL 1	LEVEL 1 (1.1.차시 – 1.16.차시)	Level 1.1	1.1.~1.9.차시
		Level 1.2	1.10.~1.16.차시
중재 LEVEL 2	LEVEL 2 (2.1.차시 – 2.26.차시)	Level 2.1	2.1.~2.4.차시
		Level 2.2	2.5.~2.10.차시
		Level 2.3	2.11.~2.15.차시
		Level 2.4	2.16.~2.26.차시
중재 LEVEL 3	LEVEL 3 (3.1.차시 – 3.25.차시)	Level 3.1	3.1.~3.8.차시
		Level 3.2	3.9.~3.17.차시
		Level 3.3	3.18.~3.25.차시

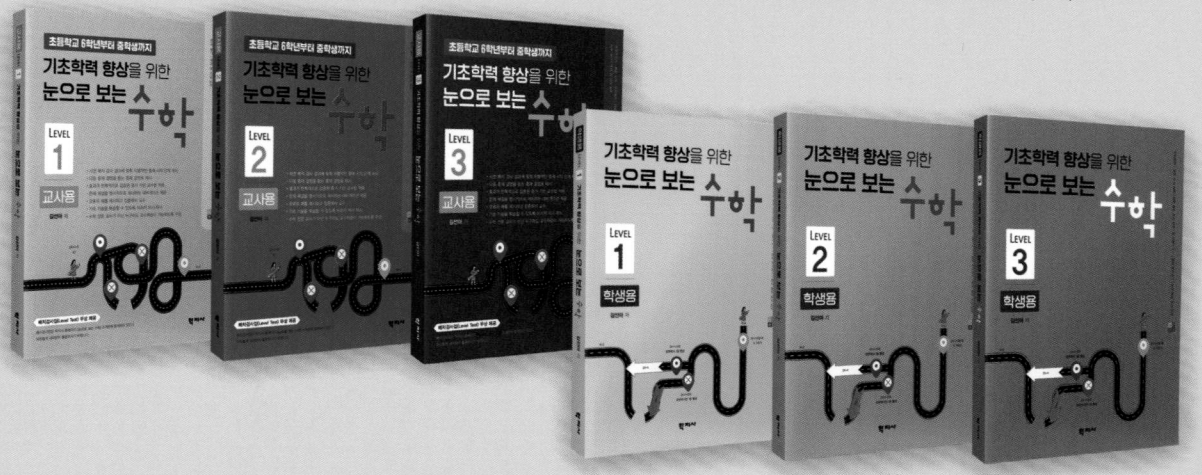
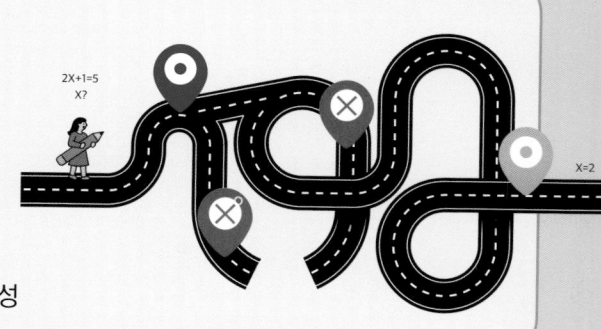